希望内蒙古的同志坚持稳中求进工作总基调,坚持以人民为中心的发展思想,坚持统筹发展和安全,立足新发展阶段、贯彻新发展理念、构建新发展格局,按照把内蒙古建设成为我国北方重要生态安全屏障、祖国北疆安全稳定屏障,建设国家重要能源和战略资源基地、农畜产品生产基地,打造我国向北开放重要桥头堡的战略定位,在全面建设社会主义现代化国家新征程上书写内蒙古发展新篇章。

——习近平总书记在参加十三届全国人大四次会议内蒙古代表团审议时的讲话

(2021年3月5日)

牢记嘱托 感恩奋进

五大任务读本

本书编写组

内蒙古人民出版社

图书在版编目（CIP）数据

牢记嘱托 感恩奋进：五大任务读本 / 本书编写组编 . --
呼和浩特：内蒙古人民出版社，2024.2
　　ISBN 978-7-204-18021-9

Ⅰ . ①牢… Ⅱ . ①本… Ⅲ . ①社会主义建设－内蒙古－
学习参考资料 Ⅳ . ① D672.6

中国国家版本馆 CIP 数据核字 (2024) 第 037484 号

牢记嘱托 感恩奋进——五大任务读本
LAOJI ZHUTUO GAN'EN FENJIN WUDARENWU DUBEN

作　　者	本书编写组
责任编辑	王　静　孙红梅
封面设计	林芝玉　刘那日苏
出版发行	内蒙古人民出版社
地　　址	呼和浩特市新城区中山东路 8 号波士名人国际 B 座五层
网　　址	http://www.impph.cn
印　　刷	内蒙古恩科赛美好印刷有限公司
开　　本	710mm×1000mm　1/16
印　　张	9.75
字　　数	100 千
版　　次	2024 年 2 月第 1 版
印　　次	2024 年 2 月第 1 次印刷
书　　号	ISBN 978-7-204-18021-9
定　　价	29.00 元

如出现印装质量问题，请与我社联系。
联系电话：（0471）3946120

前　言

习近平总书记始终深情牵挂内蒙古各族人民，高度重视内蒙古各项事业发展，多次就内蒙古工作发表重要讲话、作出重要指示，赋予内蒙古建设我国北方重要生态安全屏障、祖国北疆安全稳定屏障、国家重要能源和战略资源基地、国家重要农畜产品生产基地、国家向北开放重要桥头堡的战略定位。国务院印发《关于推动内蒙古高质量发展奋力书写中国式现代化新篇章的意见》，支持内蒙古加快落实"两个屏障""两个基地""一个桥头堡"五大任务，推动高质量发展。

地处祖国北部边疆的内蒙古地域辽阔，横跨"三北"，是生态功能大区，生态状况如何，不仅关系全区各族群众生存和发展，而且关系华北、东北、西北乃至全国生态安全。内蒙古自然资源丰富，乳肉绒毛产量全国领先，能源及农畜产品的供给能力和质量如何，关系整个国民经济大循环，关系国家产业链供应链的整体可靠和自主可控。内蒙古是祖国的"北大门"、首都的"护城河",联通内外、辐射周边,底线思维、风险意识如何,关系我国内陆开放高地、沿边开放重要支点和祖国北疆安全稳定长城坚固可靠。立足"国之大者",习近平总书记和党中央对内蒙古的战略擘画和深远考量就此彰显。

为帮助全区广大党员干部和各族人民深刻理解和系统把握习近平总书记交给内蒙古的五大任务,自治区党委宣传部组织有关部门和专家学者编写了《牢记嘱托 感恩奋进——五大任务干部读本》(以下简称《干部读本》)和《牢记嘱托 感恩奋进——五大任务读本》(以下简称《读本》)。《干部读本》已于2023年4月正式出版发行,成为自治区党员干部理论学习的重要读物,同时也引发热烈讨论、广受好评。

此次编写的《读本》,延续了《干部读本》叙事简约、文字凝练的特点,坚持通俗化大众化的定位,充分考虑普通党员群众的阅读特点,聚焦"怎样更好推动习近平总书记交给内蒙古的五大任务见行见效",进一步创新形式,全书五个章节共设计66个问答,以图文结合的方式,力求全方位、深层次、多角度将习近平总书记对内蒙古的重要指示精神阐释清楚,把五大任务的内容讲生动。

大道如砥,行者无疆。进入新发展阶段,我们比历史上任何时期都更接近实现中华民族伟大复兴的目标。我们要在以习近平同志为核心的党中央坚强领导下,劈波斩浪、团结一心向前进,在接续奋斗中展现内蒙古担当、贡献内蒙古力量、绽放内蒙古风采，为党和国家事业发展不断作出新的更大贡献，在全面建设社会主义现代化国家新征程上书写内蒙古发展新篇章。

本书编写组

2024 年 2 月

目 录

第一章　把我国北方重要生态安全屏障构筑得牢不可破

1. 习近平总书记对内蒙古建设我国北方重要生态安全屏障有哪些重要嘱托和要求？ ……………… 2
2. 如何理解筑牢我国北方重要生态安全屏障是内蒙古必须牢记的"国之大者"？ ………………… 4
3. 坚决把生态环境保护挺在前面，内蒙古采取了哪些有力举措？ ………………………………… 5
4. 厚植"北疆绿"、增色"中国蓝"，内蒙古取得了哪些成效？ ………………………………… 7
5. 内蒙古践行"绿水青山就是金山银山"有哪些成功实践？ ……………………………………… 9
6. 内蒙古建设我国北方重要生态安全屏障还面临哪些难题？ …………………………………… 11
7. 内蒙古为什么要把保护草原、森林作为首要任务？ ……………………………………………… 12

⑧ 防沙治沙"磴口模式"和库布其沙漠治理模式的内涵是什么? ………… 14

⑨ 如何打好"三北"工程三大标志性战役? ………… 17

⑩ 如何以山水林田湖草沙一体化保护和系统治理理念推动"一湖两海"、察汗淖尔综合治理? …… 19

⑪ 内蒙古为什么要推动发展方式绿色转型? ………… 23

⑫ 内蒙古推动发展方式绿色转型如何坚持先"立"后"破"? ………… 24

⑬ 建设我国北方重要生态安全屏障,如何发挥人民群众的主体作用? ………… 26

第二章 把祖国北疆安全稳定屏障构筑得坚不可摧

① 如何认识内蒙古是祖国的"北大门"、首都的"护城河"? ………… 30

② 如何理解"维护国家安全人人都是主角"? ……… 33

③ 严格落实意识形态工作责任制,如何扣好"责任链"、种好"责任田"? ………… 36

④ 如何在互联网领域构筑起维护北疆安全稳定的"铜墙铁壁"? ………… 38

⑤ 如何织密公共安全"防护网"? ………… 40

⑥ 提高社会治理效能,内蒙古有哪些创新举措? …… 42

⑦ 如何理解在思想上筑牢民族团结的根基对安全稳定具有重要作用? ………… 46

⑧ 铸牢中华民族共同体意识，如何做大量"润物细无声"的工作？ …………………………… 49

⑨ 如何推动民族事务治理法治化水平不断提升？ …… 51

⑩ 如何理解推广普及国家通用语言文字是做好民族地区工作的长久之策？ ………………… 53

⑪ 为什么要坚定不移全面推行使用国家统编教材？ …… 56

⑫ 如何把民族团结进步的种子播撒在各族人民心间？ ……………………………………… 59

⑬ 如何理解"户户是哨所、人人是哨兵"的群众参与边防管控工作格局？ ……………… 60

⑭ 如何深入推进兴边富民行动，推动边境地区繁荣发展？ ………………………………… 63

第三章　把国家重要能源和战略资源基地建设得势强劲足

① 将内蒙古建设成为国家重要能源和战略资源基地有何重要意义？ ……………………… 66

② 近年来，内蒙古为端稳中国"能源饭碗"作出了哪些贡献？ ……………………………… 68

③ 内蒙古在能源经济向"新"而行、逐"绿"进发方面采取了哪些举措？ ……………… 70

④ 如何实现煤炭开发利用的华丽蜕变？ ………… 71

⑤ 如何争当能源降碳的"排头兵"？ ……………… 73

⑥ 内蒙古全力打造全国新能源产业高地面临哪些

机遇和挑战？ …………………………………… 75
7　如何在新能源领域再造一个"工业内蒙古"？ …… 77
8　如何保障能源安全稳定供应？ ………………… 78
9　如何创新新能源开发机制？ …………………… 79
10　内蒙古稀土产业取得了哪些成就？ …………… 80
11　稀土产业如何进一步做精做优做强？ ………… 82
12　如何推进矿产资源绿色集约利用？ …………… 83

第四章　把国家重要农畜产品生产基地建设得量大质优

1　习近平总书记对内蒙古建设国家重要农畜产
　　品生产基地提出了哪些重要要求？ …………… 86
2　内蒙古在建设国家重要农畜产品生产基地方
　　面有哪些优势？ ………………………………… 89
3　当好"压舱石"，国家"粮仓""肉库"
　　"奶罐"实力几何？ …………………………… 91
4　如何应对种业"卡脖子"问题？ ……………… 93
5　如何破解水资源瓶颈制约？ …………………… 94
6　内蒙古在推动农业品牌提升方面有哪些成绩
　　和亮点？ ………………………………………… 96
7　如何推动农牧业全产业链发展？ ……………… 98
8　内蒙古出台的"奶九条"包括哪些具体措施？ ……… 100
9　夯实粮食安全根基，扩大数量是关键环节，

怎么扩？ ………………………………………… 103

10 夯实粮食安全根基，提高质量是长远出路，
　　怎么提？ ………………………………………… 104

11 实现现代农牧业绿色发展有何重要意义？ ………… 105

12 内蒙古在推动农牧业绿色发展上有哪些亮点？ …… 106

13 把国家重要农畜产品生产基地建设得量大质
　　优，有哪些重要举措？ ………………………… 108

第五章　把我国向北开放重要桥头堡打造得巍然蓬勃

1 如何理解习近平总书记提出的把内蒙古打造
　　成为我国向北开放重要桥头堡？ ……………… 112

2 建设我国向北开放重要桥头堡对推动内蒙古
　　高质量发展有什么重要意义？ ………………… 114

3 内蒙古推进中蒙俄经济走廊建设取得了哪
　　些重要成果？ …………………………………… 117

4 内蒙古积极融入共建"一带一路"取得了哪
　　些重要成果？ …………………………………… 118

5 具有"钢铁驼队"之称的中欧班列发挥了怎
　　样的作用？ ……………………………………… 120

6 怎样看待内蒙古要大力发展泛口岸经济，着
　　力解决"酒肉穿肠过"的问题？ ……………… 122

7 如何提升内蒙古各类口岸功能？ ……………… 125

8 如何加强国内区域交流协作？ ………………… 127

5

⑨ 如何进一步拓展对外贸易？ ················· 128

⑩ 如何构建现代物流体系，为加快形成全面开
放新格局提供动力？ ····················· 130

⑪ 内蒙古是如何抢抓跨境电商重要发展机遇的？ ······ 132

⑫ 如何打造一流的开放发展环境？ ··············· 134

⑬ 如何更好深入推进内蒙古制度型开放？ ··········· 135

⑭ 内蒙古是如何通过深化国际人文交流合作不
断拓展对外交往的深度和广度的？ ············· 137

后记 ·································· 141

· 第一章 ·

把我国北方重要生态安全屏障构筑得牢不可破

习近平总书记对内蒙古建设我国北方重要生态安全屏障有哪些重要嘱托和要求？

内蒙古地处祖国北部边疆，是北方面积最大、种类最全的生态功能区，同时也是荒漠化和沙化土地集中、危害最为严重的省区之一。内蒙古生态状况如何，不仅关系全区各族群众的生存和发展，也关系华北、东北、西北乃至全国生态安全。把内蒙古建成我国北方重要生态安全屏障，是以习近平同志为核心的党中央立足全国发展大局确立的战略定位，也是内蒙古必须自觉担负起的重大责任。

2023年6月，习近平总书记在内蒙古考察时特别强调，内蒙古位于首都北方，区内离北京最近的沙漠只有70多公里，库布其沙漠离北京也只有500多公里，在维护首都生态安全方面责任重大、任务艰巨。内蒙古还是我国治理荒漠化的主战场、防御沙尘暴的主防线。筑牢我国北方重要生态安全屏障，是内蒙古必须牢记的"国之大者"。

坚持系统观念，统筹山水林田湖草沙综合治理，是习近平总书记对内蒙古加强生态环境保护修复的重要要求。内蒙古有森林、草原、湿地、沙漠等多种自然形态，是一个长期形成的综合性生态系统，生态保护和修复必须进行综合治理。为此，习近平总书记明确提出，保护草原、森林是内蒙古生态系统保护的首要任务。必须遵循生态系统内在的机理和规律，坚持自然恢复为主的方针，因地制宜、分类施策，增强针对性、系统性、长效性。

保持加强生态文明建设的战略定力，走以生态优先、绿色发展为导向的高质量发展新路子，是习近平总书记为内蒙古实现高质量发展制定的根本遵循和重要行动纲领。学习贯彻习近平总书记关于把内蒙古建设成为我国北方重要生态安全屏障的重要指示精神，是内蒙古的重大责任和光荣使命。我们一定要以习近平生态文明思想为指导，牢牢把握党中央对内蒙古的战略定位，完整、准确、全面地贯彻新发展理念，坚持以生态优先、

从"沙进人退"到"绿进沙退"，库布其沙漠治理成效显著，被联合国环境规划署确定为全球沙漠"生态经济示范区"。图为库布其沙漠锁边林

绿色发展为导向，持续打好蓝天、碧水、净土保卫战，把祖国北疆这道万里绿色长城构筑得更加牢固。

 **如何理解筑牢我国北方重要生态安全屏障是内蒙古必须牢记的"国之大者"？**

2023年6月，习近平总书记在内蒙古考察时指出，"筑牢我国北方重要生态安全屏障，是内蒙古必须牢记的'国之大者'"，进一步强调了内蒙古的重要战略定位。

从内蒙古的生态区位来说，保护好生态环境是内蒙古义不容辞的责任。内蒙古横跨"三北"，有草原8.15亿多亩，占全国草原面积的22%；森林近3.57亿亩，占全国森林面积的10.3%；湿地7200多万亩，占全国湿地面积的8.6%；荒漠化和沙化土地面积均占全国荒漠化和沙化土地面积的近1/4。在国家"两屏三带"生态安全屏障格局中，内蒙古是"东北森林带""北方防沙带"和"黄河重点生态区"的主要组成部分，是北方地区的"水塔"和"林网"，是三北地区乃至全国的"挡沙墙"和"碳汇库"。内蒙古的生态安全关系着国家生态安全，保护好这里的生态环境是内蒙古对国家最大的贡献。

从国家对内蒙古的发展定位来说，筑牢我国北方重要生态安全屏障是五大任务的基础。生态安全是生存之本,生态安全屏障这个基础筑不牢,五大任务其他几个方面就立不住。保护好内蒙古的生态环境,是关系全区2400多万人民生存和发展的长远大计。

总之,保护好内蒙古的生态环境是习近平总书记的重要指示、党中央的要求、国家利益所在、人民群众的共同心愿,是我们必须牢记的"国之大者"。

3 坚决把生态环境保护挺在前面,内蒙古采取了哪些有力举措?

像保护眼睛一样保护生态环境,像对待生命一样对待生态环境。党的十八大以来,内蒙古坚定不移走生态优先、绿色发展之路,探索出了很多保护生态环境的有效做法,生态环境实现了"整体遏制、局部好转"的转变。

在发展理念上,以壮士断腕的勇气摒弃损害甚至破坏生态环境的发展模式。当经济发展与生态环境保护出现矛盾的时候,坚决把生态环境保护挺在前面。坚持该停的停下来,在大兴安岭"挂斧停锯",对重点沙漠"锁边治理",让广袤草原"带薪休假",专项整治破坏草原林地违法违规行为,连续实施草原生态保护补助奖励政策,让宝贵的生态资源休养生息。

大兴安岭是我国面积最大的国有林区，1952—2015 年，累计为国家提供木材 2 亿多立方米。2015 年，大兴安岭林区"挂斧停锯"，20 万"砍林人"变成"看林人"，森林资源实现"长大于消"。图为大兴安岭停伐纪念地

在发展布局上，从源头破解生态保护难题。科学划定"三区三线"，其中划定生态保护红线面积 59.69 万平方公里，占全区总面积的一半以上；划定耕地保护目标 1.7 亿亩、永久基本农田 1.33 亿亩；划定城镇开发边界 59 万公顷，并把"三区三线"作为调整经济结构、规划产业发展、推进城镇化不可逾越的红线，着力构建生态保护新格局。严格规范林地、草原征占用审批，严禁随意改变林地、草原用途，严禁在林地、草原上乱采乱挖、新上不符合相关规定的矿产资源开发项目。

在制度保障上，以零容忍的态度解决生态环境领域突出问题。修订《内蒙古自治区环境保护条例》，颁布《内蒙古自治

区大气污染防治条例》《内蒙古自治区乌海市及周边地区大气污染防治条例》《内蒙古自治区水污染防治条例》《内蒙古自治区土壤污染防治条例》《内蒙古自治区固体废物污染环境防治条例》《内蒙古自治区基本草原保护条例》《内蒙古自治区建设我国北方重要生态安全屏障促进条例》等地方性法规，我国北方重要生态安全屏障建设有了法治保障；实施环境保护一票否决制，对中央生态环境保护督察发现的问题实行清单式、销号式整改；实行自然资源资产离任审计，对造成生态环境损害负有责任的领导干部一追到底。

《内蒙古自治区建设我国北方重要生态安全屏障促进条例》

厚植"北疆绿"、增色"中国蓝"，内蒙古取得了哪些成效？

十年磨一剑、北疆焕新颜。十年来，经过全区各族人民的执着奋斗，天更蓝了，水更清了，山更绿了，草原更美了，一幅人与自然和谐共生的美丽画卷正在祖国北疆大地上徐徐铺开。

厚植"北疆绿"，千方百计扩绿、增绿、护绿，生态系统功能有效提升。党的十八大以来，内蒙古深入实施"三北"防护林体系建设、京津风沙源治理、天然林资源保护、天然草原退牧还草、退耕还林还草等国家重点生态工程，累计营造林1.31亿亩、种草3.18亿亩、防沙治沙1.38亿亩，规模均居全国第一；草原综合植被盖度由2012年的40.3%提高到2022年的45%，森林覆盖率2021年达到20.79%，为全国人民打造了超级"碳库"和纯净"氧吧"。科学推进土地沙化荒漠化防治，党的十八大以来，全区年均完成防沙治沙面积1200万亩以上，占全国治理面积的40%以上，荒漠化和沙化土地面积"双减少"，沙区生态系统得到有效保护和恢复，沙尘暴天数明显减少，京津风沙源变成了首都"后花园"。

增色"中国蓝"，全力以赴打赢蓝天、碧水、净土保卫战，生态环境质量明显改善。2022年，内蒙古地级及以上城市平均空气质量优良天数比例为92.9%，较2015年提高6.8个百分点，高于全国6.4个百分点；重污染天数比例为0.1%，较2015年降低0.6个百分点，低于全国0.8个百分点；细颗粒物年均浓度为22微克/立方米，较2015年降低38.9%，较全国平均值低24.1%。地表水优良水质断面比例为76.9%，较2014年提高19.2个百分点；劣Ⅴ类水质断面比例为2.5%，较2014年降低7.1个百分点。受污染耕地安全利用率达到98%以上，耕地土壤环境质量总体稳定。

 内蒙古践行"绿水青山就是金山银山"有哪些成功实践？

2023年8月25—27日，随着第九届库布其国际沙漠论坛的举办，库布其沙漠再一次吸引世界的目光。库布其沙漠治理是全区努力践行"绿水青山就是金山银山"理念的缩影。多年来，内蒙古各地立足自身资源禀赋、发展基础、功能定位，把"绿水青山就是金山银山"的理论用各具特点的创新实践，豪迈地书写在北疆大地上，巴彦淖尔市乌兰布和沙漠治理区、锡林郭勒盟乌拉盖管理区等10个地区被命名为"绿水青山就是金山银山"实践创新基地。

点绿成"金"，林草资源成为绿色"聚宝盆"。在内蒙古大兴安岭林区，呼伦贝尔市、兴安盟及森工集团依托丰富的森林资源，通过发展林药、林菌、林畜等多种林下经济，将生态优势转化为发展优势，走上生态产业化发展新路子。2022年，内蒙古大兴安岭林区林下经济实现产值11.6亿元，带动9000余人就业。通辽市开鲁县利用羊草在荒漠化草原修复、毒害草治理等方面的特殊作用，打造了羊草小镇，培育出"生态＋产业"的循环发展模式。内蒙古森工集团先行先试进行碳汇交易，把碳汇变成可量化、可增值的产品，2014—2023年，通过内蒙古产权交易中心实现收益约5000多万元。

牢记嘱托 感恩奋进——五大任务读本

内蒙古大兴安岭林区有自然保护地60处,包括自然保护区8处、森林公园9处、湿地公园17处、湿地保护小区26处,保护地总面积225万公顷。图为莫尔道嘎国家森林公园

　　点沙成"金","死亡之海"变身"希望之海"。巴彦淖尔市坚持产业化治沙,开辟出一条可持续发展之路——以圣牧为主的优质牧草种植,以梭梭为主的灌木林接种肉苁蓉,以沙漠葡萄、沙棘等为主的沙区特色经济林种植,还有以湿地、荒漠资源为依托的生态旅游,在沙漠里催生了一条条绿色产业链,将农牧民牢牢吸附在产业链上,走出了一条政府政策性引导、企业产业化经营、农牧民市场化参与的防沙治沙新路子。鄂尔多斯市和阿拉善盟等地也通过政府支持、龙头企业带动、农牧民广泛参与,培育发展了沙生植物种植与开发利用、特种药用

植物种植与加工经营、沙区特种资源综合开发利用、沙漠景观旅游等沙产业，并形成了种养加、产供销一体化产业链，逆向拉动防沙治沙，走出了一条沙漠增绿、人民增收、企业增效的发展路子。

内蒙古建设我国北方重要生态安全屏障还面临哪些难题？

尽管内蒙古生态文明建设取得了前所未有的成就，但必须清醒地认识到，内蒙古生态环境依然脆弱，北方重要生态安全屏障建设仍然任重道远。

生态屏障防护功能本底较弱。多数地区为干旱半干旱地区，中度以上生态脆弱区域占内蒙古总面积的62.5%，荒漠化和沙化威胁依然存在。

草原生态保护修复任务艰巨。受多种因素影响，草原退化、沙化及盐渍化的总量还很大，局部超载问题尚未得到根本解决，已修复治理区再次退化的风险依然很大，草原生物灾害局部暴发还没有得到根本性扭转，水资源匮乏的系统性风险对草原生态功能的影响还长期存在，草原生态功能依然处于恢复起步阶段。

生态系统保护修复难度较大。森林、草原质量总体不高，除大兴安岭森林质量相对较好以外,大部分森林每公顷蓄积、生长量等均低于全国平均水平;草原从东到西,植被盖度、质量和生态功能逐渐降低。湿地保护力度不够,保护与修复难度较大。

环境质量持续改善压力较大。大气环境受沙尘影响较大,结构性、区域性、季节性大气污染问题仍未根本解决。部分河流生态流量保障不足,城镇生活污水收集率、再生水利用率偏低。面源污染问题日益显现,农村牧区生活污水治理率较低。

生态制度体系建设有待完善。部分现行地方性法规和规章制度已不能适应生态保护修复新形势新任务。生态保护修复资金来源单一、投入不足、渠道偏窄,社会资本参与生态保护修复的管理制度和激励政策不完善,积极性有待进一步提高。

这些在建设我国北方重要生态安全屏障中面临的难题时刻提醒着我们:生态环境保护没有完成时,唯有持之以恒、久久为功,才能生生不息。

内蒙古为什么要把保护草原、森林作为首要任务?

2019年3月5日,习近平总书记在参加十三届全国人大二次会议内蒙古代表团审议时强调,保护草原、森林是内蒙古生态系统保护的首要任务。这为内蒙古建设我国北方重要生态安全屏障提供了遵循。

从草原和森林的功能和作用上来讲，草原是以多年生草本植物为主要生产者的陆地自然生态系统，具有涵养水源、保持水土、防风固沙、固碳释氧、调节气候、净化空气、维护生物多样性等重要功能。森林是水库、钱库、粮库、碳库，是陆地生态系统中群落结构最复杂、生物量最大、生物多样性最丰富、生态功能最齐全的自然生态系统，在维护地球生物圈生态平衡、全球碳平衡，应对全球气候变化和保护生物多样性等方面发挥着重要作用。草原和森林对保障国家生态安全和经济社会可持续发展具有重要作用。

从内蒙古草原和森林丰厚的"家底"来说，内蒙古有草原面积13亿多亩，占全国草原面积的1/5左右，草原综合植被盖度为45%。内蒙古草原是欧亚大陆草原的重要组成部分，是我国面积最大、系列最完整、类型最多样的温带天然草原。有森林近3.57亿亩，居全国第一位，森林覆盖率20.79%。天然林面积占73%，是中国面积最大的天然林生态系统；人工林面积0.84亿亩，居全国第六位。

牢记嘱托，内蒙古把保护草原、森林作为生态系统保护的首要任务，为维护全国生态安全大局作出积极贡献。

 防沙治沙"磴口模式"和库布其沙漠治理模式的内涵是什么?

2023年6月,习近平总书记考察内蒙古时深刻指出:"要因地制宜、科学推广应用行之有效的治理模式。四十多年来我们创新探索了宁夏中卫沙坡头模式、内蒙古磴口模式,还有库布其模式、新疆的柯柯牙模式等一大批行之有效的治沙模式。"首次提出"磴口模式",并再次强调"库布其模式"。

"磴口模式"是指70多年来磴口县在乌兰布和沙漠治理过程中,形成的"精神一脉传承、两山理念引领、三生共赢发展、四方主体参与、五域系统施治"的防沙治沙模式。"精神一脉传承"是在与沙斗争的岁月里不断焕发出"誓让沙漠换新颜、誓把沙漠变绿洲"的顽强斗志,是基因血脉,是"磴口模式"的底蕴所在。"两山理念引领",即在"绿水青山就是金山银山"理念指引下,坚持生态产业化、产业生态化,大力推进产业治沙,逐步形成了以沙漠绿化为基础的生态修复、生态农牧业、生态光伏、生态旅游融合发展的生态产业综合体系,"两山理念引领"是科学指南,是"磴口模式"的核心所在。"三生共赢发展"是治理目标,是"磴口模式"的价值所在。"四方主体参与",即各级党委政府、企业、各族干部群众、知名院校和科研机构共同参与,是"磴口模式"的关键所在。"五域系统施治",即构建起的自然保护地、农田防护林网、封沙育草区、防风阻沙区和光伏治沙区,是路径措施,是"磴口模式"的特性所在。五个方面共同形成了整体协同、有机统一的防沙治沙"磴口模式"。

"库布其模式"是指在鄂尔多斯市带领沙区各族干部群众探索出的"政府政策性支持主导、企业产业化投资、农牧民市场化参与、技术持续化创新和生态成果共建共享"的"五位一体"库布其沙漠治理模式。库布其沙漠治理模式成功

知识链接

四大沙漠

四大沙漠为巴丹吉林沙漠、腾格里沙漠、乌兰布和沙漠、库布其沙漠。

巴丹吉林沙漠位于阿拉善右旗北部,总面积5.04万平方公里,是我国第二大流动沙漠,年降水量40~120毫米,沙漠中已探明的湖泊有144个,俗称"沙漠千湖",被中国地理杂志评选为"中国最美丽的沙漠"。

腾格里沙漠位于阿拉善左旗西南部和甘肃省中部边境,总面积约3.06万平方公里,为我国第四大沙漠,年平均降水量只有102.9毫米。

乌兰布和沙漠地处巴彦淖尔市和阿拉善盟境内,总面积约1万平方公里,为中国八大沙漠之一,海拔1028~1054米,地势由南向西倾斜。

库布其沙漠是我国第七大沙漠,横跨鄂尔多斯市杭锦旗、达拉特旗和准格尔旗的部分地区,长400公里,宽50公里,总面积约1.41万平方公里。

实现了"富起来与绿起来相结合、生态与产业相结合、企业发展与生态治理相结合"的机制，形成了"防沙治沙、生态改善、产业发展、民生改善"的互动多赢格局，为全球荒漠化治理提供了"中国方案"、贡献了"中国经验"，被巴黎气候大会标举为"中国样本"。

 **知识链接**

四大沙地

四大沙地为毛乌素沙地、浑善达克沙地、科尔沁沙地、呼伦贝尔沙地。

毛乌素沙地横跨内蒙古、陕西、宁夏3个省区，总面积3.18万平方公里，是我国四大沙地之一，其约2/3在鄂尔多斯市境内，主要分布在乌审旗、鄂托克前旗、伊金霍洛旗、鄂托克旗。

浑善达克沙地是距离首都最近的沙地，总面积3.84万平方公里，东起赤峰市克什克腾旗，西至锡林郭勒盟苏尼特右旗，纵贯锡林郭勒草原。

科尔沁沙地横跨内蒙古、吉林、辽宁3个省区，是我国最大的沙地，是京津冀风沙的主要源头之一，在内蒙古境内分布面积5.73万平方公里，占沙地总面积的86.42%。

呼伦贝尔沙地位于内蒙古东北部呼伦贝尔高原，东西长270公里，南北宽约170公里，面积近1万平方公里，是我国第四大沙地。

 如何打好"三北"工程三大标志性战役?

2023年6月,习近平总书记在考察内蒙古并主持召开加强荒漠化综合防治和推进"三北"等重点生态工程建设座谈会时发出了打好"三北"工程攻坚战、创造新时代中国防沙治沙新奇迹的伟大号召,强调"2021—2030年是'三北'工程六期工程建设期,是巩固拓展防沙治沙成果的关键期,是推动'三北'工程高质量发展的攻坚期","要突出治理重点,全力打好三大标志性战役"。

"三北"工程三大标志性战役中,黄河"几字弯"攻坚战和科尔沁、浑善达克两大沙地歼灭战的主战场在内蒙古,河西

近年来,通过"三北"工程、退耕还林还草、天然林保护、水土保持、防沙治沙示范区建设等国家重点工程带动,经过几代人的努力,毛乌素沙地治理创造了"绿进沙退"的奇迹。图为治理后的毛乌素沙地

走廊—塔克拉玛干沙漠边缘阻击战也有内蒙古的任务。

　　肩负重任，内蒙古迅速行动，成立了由自治区党委书记任组长，自治区主席、副书记、分管副主席任副组长，林草、农牧、水利等部门为成员的推进"三北"等重点生态工程建设领导小组。同时制定完善三大标志性战役的实施方案，坚持科技支撑、产业带动、大力推广防沙治沙科技成果和先进技术运用，培育发展新能源、中草药、沙漠旅游等特色产业，推动实现治沙变致富。各相关盟市也积极行动，掀起集中攻坚热潮。

　　全力打好黄河"几字弯"攻坚战。内蒙古将通过实施库布其沙漠—毛乌素沙地沙化土地综合治理项目、阴山北麓（河套平原）生态综合治理项目以及腾格里—乌兰布和沙漠（贺兰山西麓）防沙治沙项目，重点解决好黄河"几字弯"地区沙患、水患、盐渍化、农田防护林、草原超载过牧、河湖湿地保护六大生态问题，打造新时代防沙治沙新高地。

　　全力打好科尔沁、浑善达克两大沙地歼灭战。内蒙古将在科尔沁沙地、浑善达克沙地（含岱海）、张承坝上地区内蒙古段（含察汗淖尔）3个重点项目区，以林草植被高质量建设和斩断影响京津地区风沙源为主攻方向，聚焦流动沙地、半固定沙地，采取沙地综合治理、林草质量巩固提升、重要湿地保护修复、沙化耕地整治、水资源和土地高效利用等综合治理措施，着力提高林草覆盖率，推动林草高质量发展，提升生态系统的服务功能，把科尔沁和浑善达克沙地建成生态优先绿色发展的新典范。

配合打好河西走廊—塔克拉玛干沙漠边缘阻击战。内蒙古将在腾格里沙漠西北部，采取造林种草、工程固沙、封育、飞播等措施建设锁边林草带，有效遏制腾格里、巴丹吉林两大沙漠前移"握手"；在腾格里沙漠东北部和乌兰布和沙漠南部，采取封育为主、造林种草和退化林草修复为辅等措施，新建和巩固风沙阻隔林草带，阻止沙漠侵袭贺兰山生态廊道和河套平原；在乌兰布和沙漠东缘，采取工程固沙、造封飞、退化林草修复等措施，不断完善锁边林草带，有效阻止沙漠迁移入黄；在城镇、园区及公路、铁路周边，科学开展国土绿化，有效防止沙漠侵入和掩埋道路。

如何以山水林田湖草沙一体化保护和系统治理理念推动"一湖两海"、察汗淖尔综合治理？

习近平总书记始终高度关注"一湖两海"、察汗淖尔生态保护和治理问题，多次作出重要指示批示、提出明确治理要求。践行习近平生态文明思想，实施全流域山水林田湖草沙综合治理，"一湖两海"、察汗淖尔治理保护行动迅速展开。

呼伦湖由外到内打出"组合拳"。呼伦贝尔市在周边实施草原禁牧和草畜平衡，有效遏制流域草原退化、沙化趋势；建成引河（海拉尔河）济湖工程，进一步保证生态补水能力；从限产休渔转向全面禁止商业捕捞，有效恢复呼伦湖水生生态系统；对呼伦湖周边及入湖河流沿线污水处理厂实施提标改造工程，对生活垃圾无害化处理，削减人为干扰因素对流域周边生态环境的影响。

乌梁素海由表及里全方位治理。巴彦淖尔市对流域上游的乌兰布和沙漠实施锁边治理，在乌梁素海外围建起一道绿色屏障；实施点源污染综合治理行动，推进工业企业深度处理、再

坚持山水林田湖草沙一体化保护和系统治理，大力推进河湖生态保护修复。图为生态修复后的呼伦湖（左上）、乌梁素海（右上）、岱海（左下）、察汗淖尔（右下）

生水回用、清洁生产改造工程，从源头上控制污染；在农村牧区集中处理畜禽粪污、垃圾污水、秸秆等废弃物，生产有机肥、沼气，变废为宝；采取草畜平衡、休牧轮牧等措施，修复乌拉特草原生态。

岱海多措并举"返璞归真"。乌兰察布市结合实际，严禁取用湖水和生产抽取地下水，推动实行工业零取水，关停灌溉机电井，实现年节约岱海湖水和周边地下水1100余万立方米；实施耕地"水改旱"，大大减少岱海的面源污染；实施岱海生态应急补水工程，年设计补水量4466万

知识链接

"一湖两海"、察汗淖尔

"一湖两海"是指内蒙古的三大湖泊，即呼伦湖、乌梁素海、岱海。

呼伦湖位于呼伦贝尔草原西部的新巴尔虎右旗、新巴尔虎左旗和扎赉诺尔区之间，面积2339平方公里，蓄水量138.5亿立方米，是内蒙古第一大湖、中国第四大淡水湖，素有"草原之肾"之称，对维系呼伦贝尔大草原生物多样性和丰富动植物资源具有十分重要的作用。呼伦湖及其周边水系于2002年1月被列入《拉姆萨尔公约》国际重要湿地名录，同年11月被批准加入联合国教科文组织世界生物圈保护区网络。

乌梁素海位于巴彦淖尔市乌拉特前旗境内，地处黄河"几字弯"的顶部，是黄河改道形成的河迹湖，总面积300平方公里，是黄河流域最大的湖泊湿地，也是全球范围内干旱草原及荒漠地区极为少见的大型多功能湖泊，承担着黄河水量调节、水质净化、防凌防汛

立方米。

察汗淖尔分类施策、标本兼治。乌兰察布市将境内4885平方公里察汗淖尔流域划分为湿地保护修复区、地下水超采重点治理区、流域涵养保护区3个区域进行治理。湿地保护修复区内，严禁违法占用、开采、开垦、放牧等人为活动；地下水超采重点治理区内，机电井全部封停、喷灌圈全部拆除，禁止取用生产用水；流域涵养保护区内，以地下水保护和流域生态修复为首要任务，注重提高用水效率，全面调整种养业结构。流域内耕地实施"水改旱"24万亩，引导合作社和农户扩大燕麦、杂粮等低耗水和耐旱作物种植比例，压减蔬菜、甜菜、马铃薯等高耗水作物种植面积。

> 等重要功能，是我国北方多个生态功能交汇区，是控制京津风沙源的天然生态屏障。
>
> 岱海位于乌兰察布市凉城县，是内蒙古第三大内陆湖，水域面积70多平方公里，系全区闻名的四大水产基地之一，其水源由周围20多条河流和中层地下水汇聚而成。2023年，为修复河流生态环境，水利部公布《母亲河复苏行动河湖名单（2022—2025年）》，岱海名列其中。
>
> 察汗淖尔史称"漠南盐池"，属季节性湿地，位于内蒙古乌兰察布市商都县与河北省张家口市尚义县交界地带，其中内蒙古境内4925平方公里，占流域总面积的67%。察汗淖尔在生态安全、涵养水源等方面发挥着重要作用，是京津冀地区抵御浑善达克沙地南侵的最后一道防线。

 **内蒙古为什么要推动发展方式绿色转型？**

习近平总书记多次强调，"生态环境问题归根到底是发展方式和生活方式问题"。加快发展方式绿色转型，是解决生态环境问题的根本出路，也是经济由高速增长阶段转向高质量发展阶段需要跨越的一道重要关口。

从全球来看，气候变暖成为人类共同的挑战。过度使用化石燃料、大规模的工业生产、交通运输等活动带来温室气体的排放，加剧气候变化，导致全球变暖、海平面上升、极端天气事件增多等，给人类社会和自然环境带来了巨大的影响和威胁。

从全国来看，推动发展方式绿色转型是美丽中国建设的必然要求。我国着眼全球气候变暖，向世界作出"2030年前达到碳达峰，2060年前实现碳中和"的宣示。党的二十大报告将"城乡人居环境明显改善，美丽中国建设成效显著"列入未来五年的主要目标任务。推动发展方式绿色转型是推动生态文明建设、实现"双碳"目标的必然要求。

从内蒙古自身而言，高耗能、高污染、高排放的老路子行不通了，必须加快发展方式绿色转型。过去很长一段时间，资源和能源工业占据着内蒙古经济的"半壁江山"。长期高能耗、高排放的粗放型发展模式，留下了生态环境的历史欠账，不仅影响着人们的生活,也成为制约发展的突出短板。党中央赋予内蒙古建设我国北方重要生态安全屏障的重任,要求我们必须加快发展方式绿色转型。当前,内蒙古正持续深化"五个大起底"行动,着力解决水、土地、城乡建设、矿产、废弃物、机关办公等领域各种资源浪费问题,推动各类资源真正活起来、高效用起来。

12 内蒙古推动发展方式绿色转型如何坚持先"立"后"破"?

在参加十三届全国人大五次会议内蒙古代表团审议时,习近平总书记谆谆叮嘱,"绿色转型是一个过程,不是一蹴而就的事情。要先立后破,而不能够未立先破","不能把手里吃饭的家伙先扔了,结果新的吃饭家伙还没拿到手,这不行。既要有一个绿色清洁的环境,也要保证我们的生产生活正常进行"。贯彻落实习近平总书记嘱托,内蒙古必须坚持先"立"后"破",加快推动产业结构、能源结构调整优化。

先"立",就是要大力发展绿色低碳产业、现代能源经济,主要是加快发展风电、光伏等发电系统,推进煤炭等化石能源清洁低碳高效利用,加快构建清洁低碳、安全高效能源体系,着力培育新产业、新动能、新增长极,大力发展大数据、人工智能等战略性新兴产业。后"破",就是要淘汰过剩和落后产能,加快产业结构转型升级步伐,坚决遏制高耗能、高排放、低水平项目盲目发展,持续降低碳排放强度。

目前,呼和浩特中环产业园已经形成了全球质量最优、单体规模最大、门类齐全、工艺技术先进、制造方式和人均效率全国领先的集成电路半导体单晶硅和能源光伏单晶硅的制造基地。鄂尔多斯市伊金霍洛旗牢牢把握第三次能源革命机遇,率先布局"风光氢储车"全链条产业集群,初步形成了全链条驱动、全方位布局、全场景应用的氢能产业雏形和发展格局。乌海市

建设风光氢储4个千亿级新能源产业集群,实现由"乌金"到"绿电"的转变。图为达拉特光伏发电应用基地

强力扭转过度依赖矿产资源开发的惯性思维，统筹推进传统产业迭代升级、新兴产业培育壮大，非煤产业占工业增加值比重由 2015 年的 65.9% 提高到目前的 80% 以上。

从"羊煤土气"到"追风逐日"，内蒙古必将紧紧抓住新一轮能源革命的历史机遇，紧紧围绕实现高质量发展这一首要任务，着力做好发展现代能源经济这篇文章，同时继续发挥煤炭"压舱石"作用，为国家端牢"能源饭碗"作出重要贡献。

建设我国北方重要生态安全屏障，如何发挥人民群众的主体作用？

习近平总书记指出："生态文明是人民群众共同参与共同建设共同享有的事业，要把建设美丽中国转化为全体人民自觉行动。每个人都是生态环境的保护者、建设者、受益者，没有哪个人是旁观者、局外人、批评家，谁也不能只说不做、置身事外。"

在内蒙古建设我国北方重要生态安全屏障的进程中，无数个平凡英雄执着奋斗，谱写出一曲曲动人的绿色赞歌。宝日勒岱、殷玉珍、苏和、敖特更花、李相儒等一代又一代治沙人，与沙魔抗争、向荒凉宣战,将"死亡之海"变成绿色家园;"塞上愚公"董鸿儒带领两代林业人,用40多年的时间在苏木山上建起华北地区最大的人工林场;还有大兴安岭深处那一个个"青山卫士",克服没水没电没信号的困难,忍受着常人难以想象的孤独,默默守护着茫茫林海……

当前,生态文明建设正处于压力叠加、负重前行的关键期,我们需要做的还有很多。在生态保护和建设中,要坚持政府主导、部门联动、社会参与,关键是发挥人民群众的主体作用,为此,需要构建先造后补、以奖代补、贷款贴息等生态建设投入机制,积极引导社会资本依法依规参与生态保护修复;需要坚持生态产业化、产业生态化,不断拓展生态产品价值实现途

积极引导全民有序参与生态保护与建设,倡导绿色生活方式。左图为大青山国家登山健身步道,右图为市民绿色出行

径，把绿水青山变为金山银山，切实促进生态惠民，实现绿富同兴；需要坚持山水林田湖草沙系统治理，坚决贯彻落实草畜平衡和禁牧休牧制度，坚决打击、杜绝破坏林地和草地资源的行为。历史和实践表明，促进人与自然和谐共生，推进社会主义生态文明建设，人民群众是主体和主人，要积极开展群众义务植树活动，通过实地种树、线上捐款等形式倡导广大群众履行植树义务；要宣传和引导群众严格遵守森林草原防火规定，自觉做到防火期不在野外用火，切实保护森林草原；要着力推动形成绿色生活方式，持续提升广大群众的节约意识、环保意识、生态意识，包括使用和推广绿色产品、绿色消费、绿色出行、绿色居住等，引导全社会积极参与生态环境保护，自觉践行绿色生活理念，把建设美丽中国转化为全体人民的自觉行动。

· 第二章 ·

把祖国北疆安全稳定屏障构筑得坚不可摧

 如何认识内蒙古是祖国的"北大门"、首都的"护城河"？

内蒙古总面积118.3万平方公里，北部与俄罗斯和蒙古国接壤，拥有约占我国陆地边境线1/5长的4200多公里边境线，拥有位居全国第一的36万平方公里边境管理区，在国家安全稳定大局中具有重要地位，守好"门"和护好"河"的责任极为重大、任务极其繁重。

习近平总书记始终高度重视内蒙古的安全稳定工作。2014年1月，习近平总书记考察内蒙古时，提出"守望相助、团结奋斗"、建成"祖国北疆安全稳定的屏障"的重要要求。习近平总书记五次参加全国两会内蒙古代表团审议及2019年7月考察内蒙古时，都对内蒙古维护国家安全和边疆安宁作出重要指示。2023年6月，习近平总书记在内蒙古考察指导工作时，强调要"坚持发展和安全并重"，指出"党政军警民合力强边固防是我国边防的独特优势"，"要充分认清做好边防工作的重要意义，强化使命担当，为党和人民守好边、固好防"，"要以'时时放心不下'的责任感抓好安全生产，把制度完善起来，把责任落实下去，尽最大努力防范各类重大安全事故的发生，维护好人民群众生命财产安全"。此外，这些年习近平总书记还就防范化解债务风险、统筹疫情防控和经济社会发展以及防范化解社会矛盾、完善立体化社会治理防控体系、加强应急体制机制建设等对内蒙古提出要求。习近平总书记的殷殷嘱托，从党和国家事业全局的高度，进一步回答了内蒙古"实现什么样的安全稳定"和"如何维护安全稳定"的重大问题，为内蒙古做好维护安全稳定工作提供了科学指南。我们一定要站在政治的、全局的、战略的高度，充分认识建设祖国北疆安全稳定屏障的重大意义。

从地理位置上看，内蒙古地处祖国北疆，横跨三北、地近京畿，内连八省区、外邻俄蒙，是国家重要能源和战略资源基地、国家重要农畜产品生产基地、国家向北开放的重要桥头堡，也是共建"一带一路"倡议的重要枢纽，是中蒙俄经济走廊的

巩固党政军警民合力强边固防局面，提高边境防卫管控能力。图为"草原110"流动警务室

重要节点,是国家西部陆海新通道的重要门户,守护战略高地、枢纽要道责任重大。在总体国家安全大局中战略地位重要、职责使命特殊。内蒙古的安全稳定关乎国家安全、领土完整,祖国利益不容侵犯、边疆稳定不容破坏,特别是在当前推进实现祖国统一、进行伟大斗争背景下,我们必须牢固树立总体国家安全观,切实以内蒙古之稳守卫边疆安全、拱卫首都安全。

从功能作用上看,内蒙古承担着维护国家安全、社会稳定、边疆安宁的重大政治责任,习近平总书记2018年3月5日在参加十三届全国人大一次会议内蒙古代表团审议时指出,"内蒙古改革发展稳定工作做好了,在全国、在国际上都有积极意义。"当前,内蒙古发展进入战略机遇和风险挑战并存的时期,各种"黑天鹅""灰犀牛"事件随时都可能发生,特别是内蒙古正以两件大事为主抓手推进现代化建设,在这样的关键时期、关键阶段,我们必将面对更加严峻的风险挑战,需要更加发挥好安全稳定屏障的基础性保障作用,统筹发展和安全,推进高质量发展和高水平安全实现良性互动,为高质量发展保驾护航,把祖国北疆安全稳定屏障构筑得坚不可摧。

从职责使命上看,筑牢祖国北疆安全稳定屏障,既是以内蒙古之稳守卫边疆安全、拱卫首都安全的神圣职责使命,也是切实维护内蒙古2400多万各族群众生命财产安全的基础工程,是实现人民安居乐业

《内蒙古自治区筑牢祖国北疆安全稳定屏障促进条例》

的基本保障。与此同时,内蒙古是我国民族区域自治制度的发源地,是民族自治地方的排头兵,是民族团结进步的典范。在内蒙古全方位建设"模范自治区"的重要时期,北疆安全稳定关乎我国民族区域自治制度的创新完善、生动实践,是巩固和发展平等、团结、互助、和谐的社会主义民族关系的重要保障,我们必须维护好内蒙古民族团结稳定大局,让全区各族人民带着满满的安全感书写幸福生活。

如何理解"维护国家安全人人都是主角"?

家事国事天下事,国家安全是头等大事。国家安全是指国家政权、主权、统一和领土完整、人民福祉、经济社会可持续发展和国家其他重大利益相对处于没有危险和不受内外威胁的状态,以及保障持续安全状态的能力。国家安全与每个人息息相关,维护国家安全,没有"局外人",我们每个人都是主角。任何时候,国家安全都是老百姓最"稳"的幸福。国家越安全,人民就越有安全感;人民越有安全意识,国家安全也就越有依靠。只有激发群众自觉参与,让每个人成为维护国家安全的主角,动员全党全社会共同努力,才能汇聚起维护国家安全的强大力量,夯实国家安全的社会基础,安全稳定的成果才能最大程度惠及每一位公民。

公民和组织在维护国家安全方面有哪些权利？《中华人民共和国国家安全法》第八十条规定，公民和组织支持、协助国家安全工作的行为受法律保护。因支持、协助国家安全工作，本人或者其近亲属的人身安全面临危险的，可以向公安机关、国家安全机关请求予以保护。公安机关、国家安全机关应当会同有关部门依法采取保护措施。第八十二条规定，公民和组织对国家安全工作有向国家机关提出批评建议的权利，对国家机关及其工作人员在国家安全工作中的违法失职行为有提出申诉、控告和检举的权利。

公民和组织在维护国家安全中有哪些义务？《中华人民共和国国家安全法》第七十七条规定，公民和组织应当履行下列维护国家安全的义务：（一）遵守宪法、法律法规关于国家安全的有关规定；（二）及时报告危害国家安全活动的线索；（三）如实提供所知悉的涉及危害国家安全活动的证据；（四）为国家安全工作提供便利条件或者其他协助；（五）向国家安全机关、公安机关和有关军事机关提供必要的支持和协助；（六）保守所知悉的国家秘密；（七）法律、行政法规规定的其他义务。任何个人和组织不得有危害国家安全的行为，不得向危害国家安全的个人或者组织提供任何资助或者协助。

破坏国家安全的行为有哪些？《中华人民共和国国家安全法》第十五条规定，国家防范、制止和依法惩治任何叛国、分裂国家、煽动叛乱、颠覆或者煽动颠覆人民民主专政政权的行为；防范、制止和依法惩治窃取、泄露国家秘密等危害国家安全的行为；防范、制止和依法惩治境外势力的渗透、破坏、颠覆、分裂活动。

　　泄露国家秘密要负什么责任？《中华人民共和国刑法》第三百九十八条规定，国家机关工作人员违反保守国家秘密法的规定，故意或者过失泄露国家秘密，情节严重的，处三年以下有期徒刑或者拘役；情节特别严重的，处三年以上七年以下有期徒刑。非国家机关工作人员犯前款罪的，依照前款的规定酌情处罚。第一百一十一条规定，为境外的机构、组织、人员窃取、刺探、收买、非法提供国家秘密或者情报的，处五年以上十年以下有期徒刑；情节特别严重的，处十年以上有期徒刑或者无期徒刑；情节较轻的，处五年以下有期徒刑、拘役、管制或者剥夺政治权利。《中国共产党纪律处分条例》第一百四十四条规定，泄露、扩散或者打探、窃取党组织关于干部选拔任用、纪律审查、巡视巡察等尚未公开事项或者其他应当保密的内容的，给予警告或者严重警告处分；情节较重的，给予撤销党内职务或者留党察看处分；情节严重的，给予开除党籍处分。根据《中华人民共和国公职人员政务处分法》第三十九条，泄露国家秘密、工作秘密，或者泄露因履行职责掌握的商业秘密、个人隐私的，造成不良后果或者影响的，予以警告、记过或者记大过；情节较重的，予以降级或者撤职；情节严重的，予以开除。

 严格落实意识形态工作责任制,如何扣好"责任链"、种好"责任田"?

意识形态安全是政治安全的重要组成部分,是实现国家利益的重要手段,也是维护国家安全的重要屏障。可以说,意识形态工作极端重要,关系着党的前途命运、国家长治久安,也关系着民族的凝聚力和向心力。党的十八大以来,内蒙古自治区党委深入贯彻习近平总书记关于意识形态工作的重要论述,全面贯彻落实党中央决策部署,出台《党委(党组)意识形态工作责任制实施细则》,通过打好"整体战"、出好"组合拳"、奏好"交响乐",牢牢掌握意识形态工作领导权,提升主流意识形态话语权和引领力,加强意识形态工作队伍建设,建好阵地、管好阵地、用好阵地,持续巩固意识形态领域向上向好的总体态势。

内蒙古将深入学习贯彻习近平文化思想,紧紧围绕推进中国式现代化这个最大的政治,把贯彻铸牢中华民族共同体意识主线纳入意识形态工作责任制,全面落实意识形态工作责任制,巩固壮大奋进新时代的主流思想舆论,全力打造"北疆文化"品牌,发展壮大主流价值、主流舆论、主流文化,为办好两件大事和"闯新路、进中游"凝心聚力。一是明确工作责任,扣好"责任链"。压紧压实党委（党组）全面领导责任、书记第一责任人责任、分管领导直接责任、班子成员"一岗双责"责任，不断健全责任清单、分析研判、责任追究等制度，以督导考核"指挥棒"助推"软要求"成为"硬约束"。二是建强工作阵地，种好"责任田"。全区各级党委和宣传思想战线坚持完善意识形态领域工作机制，加强意识形态工作队伍建设，构筑党委（党组）统一领导、党政齐抓共管、宣传部门组织协调、有关部门分工负责的全程全员意识形态工作矩阵，做到守土有责、守土尽责。三是发扬斗争精神，切实维护安全。打好防范化解风险主动仗，旗帜鲜明同各种错误思潮作坚决斗争，打赢各种敌对势力对内蒙古发动的思想战、舆论战。增强忧患意识，深化落实好意识形态工作联席会议和舆情会商研判工作机制。认清思想舆论领域"三个地带"的格局和态势，坚决反对历史虚无主义、文化虚无主义，警惕各类"低级红""高级黑"问题，

知识链接

思想舆论领域"三个地带"

习近平总书记在《论党的宣传思想工作》中明确指出，思想舆论领域大致有红色、黑色、灰色"三个地带"："红色地带是我们的主阵地，一定要守住；黑色地带主要是负面的东西，要敢于亮剑，大大压缩其地盘；灰色地带要大张旗鼓争取，使其转化为红色地带"。

不断唱响主旋律，弘扬正能量，振奋精气神，大力培塑内蒙古正面形象。

如何在互联网领域构筑起维护北疆安全稳定的"铜墙铁壁"？

没有网络安全就没有国家安全，就没有经济社会稳定运行，广大人民群众利益也难以得到保障。党的十八大以来，内蒙古自治区党委、政府深入贯彻落实习近平总书记关于网络强国的重要思想，高度重视网络安全和网络意识形态工作，打造北疆网络安全的"铜墙铁壁"，以《中华人民共和国网络安全法》《中华人民共和国数据安全法》《中华人民共和国个人信息保护法》等法律法规为准绳，始终把维护网络安全置于维护国家安全战略全局中来审视和谋划，牢固树立总体国家安全观，强化网络安全保障体系和能力建设，组建网络安全等级保护工作协调小组，出台网络安全等级保护相关地方规章，近些年持续开展"净网""清朗·从严整治'自媒体'乱象"等系列涉网专项行动，大力营造风清气正、生态良好的网络空间，提升网络综合治理能力和水平，筑牢保卫人民群众信息安全防线，进一步提升广大人民群众在网络空间的获得感、幸福感、安全感。

内蒙古将围绕强化网络、数据等安全保障体系建设，坚定维护国家政权安全、制度安全、意识形态安全，提高防范化解重大风险能力的目标要求，守卫祖国北疆网络安全屏障。一是以落实网络安全工作责任制推动筑牢网络安全"防火墙"。加大党委（党组）网络安全工作责任制监督落实力度，进一步厘清全区各地区、各部门和单位党委（党组）网络安全责任，各盟市、旗县（市、区）党委领导要履行和落实属地网络安全责任，负责本地区网络安全工作，各部门、各行业承担本领域网络安全主管监管责任，各级网信部门统筹指导网络安全工作，建立网络安全工作检查考核制度。二是推进网络综合治理体系建设向纵深发展。加强网络综合治理与市域社会治理的深入融合衔接，大力推动智能社会治理实验基地、"区块链+法治"创新应用试点等建设，强化信息化支撑，走好网上群众路线，全方位推进网络综合治理体系建设向纵深发展、向基层延伸，继续优化完善政策框架、制度体系和工作机制，不断推动网络综合治理体系建设迭代升级、健全成熟。持续统筹执法管理、生态治理、行业自律、网民举报等各项工作，维护共建共治共享格局，优化分级分类精细化管理举措，推动网络空间更加清朗有序，确保人民群众在网络空间的合法权益，守护亿万民众共同的精神家园。三是持续优化网络安全顶层设计。全天候全方位感知全区网络安全态势，健全完善预警通报、协同落实、应急处置等工作机制，提升重要信息系统和关键信息基础设施的网络安全防护和应急处置水平。积极推进网络数据使用和安全管理工作，完善网络数据管理目录，建立个人基本信息分布图谱，加强网络数据全生命周期安全管理，及时发现整改漏洞风险隐患，全力保障网络运行平稳，确保重要数据和公民个人信息安全。开展常态化网络安全宣传教育，逐渐构筑起维护北疆网络安全坚不可摧的强大堡垒。

如何织密公共安全"防护网"？

公共安全是最基本的民生。公共安全一头连着经济社会发展，一头连着千家万户，宁可百日紧，不可一日松。公共安全工作做得好不好，直接关系人民群众的获得感、幸福感、安全感。内蒙古始终坚持人民至上、生命至上的根本原则，努力减少公共安全事件对人民生命健康的威胁，有效处置甲型 H1N1 流感、人感染 H7N9 禽流感、人间鼠疫、新型冠状病毒感染疫情等多起突发急性传染病疫情；应急管理机构改革以来，逐步理顺了"统"和"分"的职责关系、"防"和"救"的责任链条，加快推进应急管理体系和能力现代化建设，成功应对了一次又一次重大突发事件，有效化解了一个又一个重大安全风险，其中包括生产安全事故及各类自然灾害。每次发生重大灾难，我们都是一方有难、八方支援、众志成城、共克时艰，都是各级领导干部靠前指挥，党员干部冲锋在前，尽最大努力减少人民群众生命财产损失。

内蒙古将围绕提高公共安全治理水平，坚持安全第一、预防为主，建立大安全大应急框架，完善公共安全体系，推动公共安全治理模式向事前预防转型的目标要求，全力保障人民生命财产安全，实现高质量发展和高水平安全良性互动，为全区高质量发展营造安全稳定环境。一是深化重点行业领域专项整治。深入开展安全生产风险隐患排查整治，采取"安全评估＋执法＋服务"等方式，加强道路交通、危险物品、大型活动和新业态等重点行业领域安全监管，持续提升安全生产执法能力，建立健全苏木乡镇（街道）、嘎查（社区）消防安全管理组织，严防各类重特大生产安全事故发生。二是提升公共安全处置保障能力。扎实推进自然灾害防治、应急救援队伍、应急救援航空力量、应急救援综合基地，应急救援装备、应急物资储备库、应急管理综合应用平台和应急通信保障工程建设，加强应急预案体系建设，提高防灾减灾救灾和突发公共事件处置保障能力。三是增强全社会安全意识。加强安全生产和防灾救灾宣传教育，普及各类灾害事故防范应对知识，采取群众喜闻乐见的方式开展防灾救灾宣传教育，增强全社会安全意识和应急避险能力，推动形成人人想安全、人人懂安全、人人讲安全、人人抓安全的生动局面。

 提高社会治理效能，内蒙古有哪些创新举措？

社会治理是国家治理的重要方面，是维护国家安全和社会稳定的重要内容，关乎人民安居乐业，关乎社会安定有序，是一个国家安全状况、民众幸福程度的重要体现。党的二十大报告指出，"健全共建共治共享的社会治理制度，提升社会治理效能。"近年来，内蒙古着眼于国家长治久安、人民安居乐业，建设更高水平的平安中国，完善社会治理体系，综合创新运用多种治理方式和手段，持续提升基层治理精准度、融洽度和治理效能。

努力打造市域社会治理内蒙古品牌。内蒙古12个盟市全部纳入"全国市域社会治理现代化试点"，打造了一批特色鲜明的市域社会治理内蒙古品牌，形成了一批可复制可推广的典型经验。呼和浩特市紧紧围绕打造"德润青城"城市名片，构建市县乡村四级共同推进、一体建设治理格局，修订《呼和浩特市街道办事处工作条例》，建立社区公共事项准入制度，社区承担事项精简近一半，对72个社区重新拆分合并、划定网格，为4135名社区工作者落实"五险一金"待遇，开展村（社区）党组织书记"大学习、大练兵、大比武"活动，全市965个村、355个社区村（居）民公约制定修订率达到100%。包头市以法治政府建设为引领，持续擦亮"包你满意""包你放心"金字招牌，创新推行"四十五证合一"登记制度改革，全面推进"互联网+监管"和信用风险分类监管，落实"双随机、一公开""马上办、网上办、就近办、一次办、掌上办"改革。鄂尔多斯市创新"三端五防线"诉源治理模式，走出司法助力市域社会治理现代化新路径。坚持和发展新时代"枫桥经验"，充分发挥诉源治理在防范化解市域社会各类矛盾风险中的重要作用。乌海市以"智治支撑"项目为牵引，以智慧城市建设为支撑，全方位构建"智+"社会治理体系，蹚出一条小城市智慧治理新路子。100%村（社区）可代办政务服务事项，全市100%政务服务事项实现"一次办"，99.7%实现"网上办"，94.5%实现"零跑动"，群众满意率达99.99%。"乌海市扎实推进全市'一网通办''全市通办'改革，促推政务服务标准化规范化便利化建设"获评第三届（2022）政务服务软实力·线上线下融合金典案例。呼伦贝尔市深化"三务合一"治理模式，在全市224个边境嘎查村（社区）探索推行"党务联建、村务联谋、警务联抓"的"三务合一"基层治理模式，完善基层治理组织构架。新模式推行后，边境辖区案件量和矛盾纠纷数量分别下降25%和33%。

坚持和发展新时代"枫桥经验"。加强各类调解联建、联动、联治、联调工作，加强社会心理服务体系建设。加快构建源头防控、排查梳理、纠纷化解、应急处置的社会矛盾综合治理机制。畅通和规范群众诉求表达、利益协调、权益保障通道，努力把矛盾解决在萌芽，化解在基层。加强和改进信访工作，依法妥善解决群众合理合法诉求，2017—2022年，全区各地人民调解组织受理、调处各类矛盾纠纷60.4万件，年均化解12万件，调解成功率达96.97%；累计解决房地产历史遗留问题项目2970个、140万套、1.55亿平方米，改造老旧小区5108个、棚户区房屋近26万套、农村牧区危房9.6万套，建设保障性住房2万套，圆了600多万群众的安居梦。

信访代办制在内蒙古各地见行见效。2022年9月，内蒙古自治区党委提出在全区范围试点推行信访代办制，把源头治理

 知识链接

枫桥经验

"枫桥经验"是20世纪60年代初浙江省诸暨市枫桥镇干部群众创造的"发动和依靠群众，坚持矛盾不上交，就地解决，实现捕人少、治安好"的管理方式。党的二十大报告将"推进国家安全体系和能力现代化，坚决维护国家安全和社会稳定"作为专章论述，要求在社会基层坚持和发展新时代"枫桥经验"，完善正确处理新形势下人民内部矛盾机制，加强和改进人民信访工作，畅通和规范群众诉求表达、利益协调、权益保障通道，完善网格化管理、精细化服务、信息化支撑的基层治理平台，健全城乡社区治理体系，及时把矛盾纠纷化解在基层、化解在萌芽状态。

作为化解信访矛盾的治本之策,树立"有解思维",由党员、干部定期对群众信访诉求进行摸排,一对一或一对二包联信访群众,变群众上访为干部下访,察民情、解民忧、暖民心,代替群众反映和办理信访事项,并及时反馈办理进度和结果,真心实意地为群众服务,让信访代办制成为密切干群关系、加强基层治理的具体实践。截至2023年6月底,全区103个旗县(市、区)及所属苏木乡镇(街道)、嘎查村(社区)均已推行信访代办制。目前,全区基层信访代办员代办信访事项2万余件,初次信访事项一次性化解率达97%,一大批矛盾纠纷和信访隐患在信访代办过程中提前排查发现,及时就地化解,全区信访上行趋势明显回落,基层治理能力有效提升。各级党员干部在信访代办工作中学到了为民服务的真本领,锤炼了实干担当的鲜明品质,群众满意度不断提升。

《实践有力量——信访代办怎么"办"?》

不断夯实社会治理的基层基础。近些年,内蒙古出台《关于加强综治中心建设和网格化服务管理的指导意见》《北疆红色网格治理服务工作指南(试行)》,共建立1.3万个嘎查村(社区)治理平台,推动党建网格和综治网格"双网融合",城镇、农村、牧区网格化服务管理基本实现全覆盖,研究制定关心关爱基层干部若干措施,建立完善网格员安全管理权责清单和薪酬保障机制,落实社区工作者"三岗十八级"薪酬待遇和动态增长机制。2014年，呼和浩特市新城区老缸房社区等31个社区被评为全国和谐社区建设示范社区。2017年，包头市青山区、二连浩特市被确认为第二批全国社区治理和服务创新实验区。2018年，包头市昆都仑区、赤峰市红山区被确认为第三批全国社区治理和服务创新实验区。涌现出阿鲁科尔沁旗村务契约化管理、通辽市嘎查村"532"工作法、包头创新社区治理模式、阿拉善盟党群服务中心实体化推进、呼和浩特市和赤峰市"融合党建"、巴彦淖尔市"微治理"、乌海市数据赋能社会治理、兴安盟以建设五治融合智慧平台提升治理能力等基层社会治理模式。2020年，全区各级党组织坚持系统化谋划、制度化规范、标准化建设、项目化推进、信息化支撑的"五化协同、大抓基层"发展机制，基层党建效能持续提升。2021年，全区城镇社区综合服务设施达到全覆盖，2535个城镇社区综合服务设施面积达到了每百户城镇居民平均33平方米，超额完成了全国每百户30平方米的要求。11079个嘎查村建设了综合服务设施，基本满足了群众需求。

如何理解在思想上筑牢民族团结的根基对安全稳定具有重要作用？

民族团结是我国各族人民的生命线，只有在思想上筑牢民族团结的根基，才能保障祖国统一和边疆稳固，才能促进各族人民和睦相处、和衷共济、和谐发展，实现国家长治久安和中华民族繁荣昌盛。

民族团结关乎中华民族根本利益。维护国家统一和民族团结是我国各族人民的最高利益，它不仅关乎民族地区的发展进步，更关乎国家的繁荣稳定乃至生死存亡，团结则国运昌盛、百业兴旺，反之则国家分裂、民族纷争、人民遭殃。历史经验一再表明，只有高举中华民族大团结旗帜、铸牢中华民族共同体意识，构建起维护国家统一和民族团结的坚固思想长城，才能有效抵御各种极端、分裂思想的渗透颠覆，才能有效应对中华民族伟大复兴过程中可能发生的风险挑战，才能为党和国家兴旺发达、长治久安提供重要思想保证。

民族团结关乎各族人民心手相牵。汉族离不开少数民族、少数民族离不开汉族、各少数民族之间也相互离不开是我国民族关系的真实写照。必须旗帜鲜明地反对各种错误思想观念特别是坚决反对大汉族主义和狭隘民族主义，教育引导各族群众和睦相处，情同手足，牢固树立正确的国家观、历史观、民族观、文化观、宗教观，坚定对伟大祖国、中华民族、中华文化、中国共产党、中国特色社会主义的高度认同，形成人心凝聚、团结奋进的强大精神纽带。

民族团结关乎内蒙古的兴旺发达。内蒙古自古以来就是多民族聚居地区，在浩荡的历史长河中，各族人民披荆斩棘、携手共进,共同开发锦绣河山、守护辽阔疆土、建设美丽家园。中华人民共和国成立后,各族人民始终心向党、心向党中央,书写了"最好牧场为航天""克服困难捐粮畜""三千孤儿入内蒙""各族人民建包钢"等民族团结的历史佳话,谱写了我国民族关系史上的光辉篇章。内蒙古各族群众始终守望相助,团结奋斗,共同建设伟大祖国,共同创造美好生活。内蒙古的今天是各族群众共同奋斗的结果,内蒙古的明天仍然需要各族群众团结奋斗。

全面贯彻党的民族政策,通过深入开展民族团结进步宣传教育活动,让各民族像石榴籽一样紧紧抱在一起。图为呼和浩特市一小学开展"颂歌献给党"主题教育活动

铸牢中华民族共同体意识,如何做大量"润物细无声"的工作?

铸牢中华民族共同体意识,既要做看得见、摸得着的工作,也要做大量"润物细无声"的事情,让铸牢中华民族共同体意识的外显元素"像空气一样无处不在"。

让载体实起来,融入实物实景实事。树立和突出各民族共享共有的中华文化符号和中华民族形象,将中华文化特征、中华民族精神、中国国家形象,通过建筑、美术、标识、影视、艺术表演等媒介具象化地表达出来。对人类广为接受的标识符号,如国旗、国歌、国徽、党和国家领袖画像等国家象征标识,天安门、故宫、长城等国家建筑标识,长江、黄河、珠峰等地理标识,伟大创造精神、伟大奋斗精神、伟大团结精神、伟大梦想精神等精神标识,在各地进行广泛深入宣传,进一步增强各族群众对中华民族的认同感和自豪感。制作群众喜闻乐见的公益宣传片,宣讲民族友爱、互帮互助的温情故事,让真情温暖心灵,增强宣传教育活动的亲和力和感染力。《五朵金花》《刘三姐》《草原英雄小姐妹》这些老电影,《北京的金山上》《阿佤人民唱新歌》《敖包相会》这些老歌,影响和感动了几代人。近些年,《爱我中华》《站在草原望北京》《海的尽头是草原》等文艺作品讴歌新时代,唱响主旋律,表达了各族人民对伟大祖国的无限热爱。今后，要生产更多更好体现民族文化元素的文化产品，不断增强各族群众对伟大祖国、中华民族、中华文化、中国共产党和中国特色社会主义的认同。

让共鸣强起来，用历史来说话。深化中华民族共同体研究，充分挖掘和生动展现内蒙古大地上各民族"一起走过""一起走来"的厚重历史，加强党在内蒙古地区历史的研究，特别是深入挖掘党在内蒙古西部地区的革命历史、自治区成立前各民族在内蒙古地区的发展史，用丰富的史实、鲜活的事例教育引导各族群众牢牢铭记"六句话的事实和道理"：内蒙古地区是中国共产党最早建立党组织的民族地区，内蒙古自治区是在中共中央直接领导下建立的，内蒙古是在党中央的支持下发展起来的，内蒙古工作中出现的重大偏差都是党中央帮助纠正的，内蒙古新时代的发展成就是在习近平总书记亲切关怀和指引下取得的，内蒙古作为"模范自治区"模范就模范在听党的话上。

让人民富起来，推动各民族共同走向现代化。脱贫、全面小康、现代化，一个民族都不能少。以习近平总书记交给内蒙古的五大任务为切入点和发力点，立足内蒙古资源禀赋、发展条件、比较优势等实际，把握新发展阶段、贯彻新发展理念、融入新发展格局，不断壮大经济实力、提高发展水平、实现高质量发展。更多针对特定地区、特殊问题、特别事项制定差别化区域支持政策，提高各族群众的获得感、幸福感、安全感，在推动共同富裕中铸牢中华民族共同体意识。

 如何推动民族事务治理法治化水平不断提升？

做好民族工作，既要讲原则，又要讲策略，还要讲法治。坚持依法治理民族事务，就是要依法保障各族群众的合法权益，用法律保障民族团结。

不断加强民族地区法治建设。中华人民共和国成立以来，特别是改革开放以来，我国制定了一系列行之有效、符合国情的民族法律法规。目前，我国已初步形成以宪法关于民族工作的规定为根本，以民族区域自治法为主干，以国务院颁布的关于民族工作的行政法规、辖有民族自治地方的省的地方性法规，以及民族自治地方制定的自治条例和单行条例为主要内容的民族法律法规体系。近些年，内蒙古着力完善民族工作法规体系，出台了首部促进民族团结进步工作的综合性地方性法规《内蒙古自治区促进民族团结进步条例》，编制实施《内蒙古自治区民族团结进步创建发展规划（2021—2025年）》，修订完成《内蒙古自治区实施〈中华人民共和国国家通用语言文字法〉办法》，制定实施《内蒙古自治区教育条例》，全面推广普及国家通用语言文字，推行使用国家统编教材。我们要准确把握

《内蒙古自治区促进民族团结进步条例》

增进共同性、尊重和包容差异性的重要原则，坚持正确的，调整过时的，谋定而后动，稳慎调整完善民族领域法规政策，做到有法可依。

提高各族群众的法治意识。创新宣传形式和载体，向各族群众提供最需要、最实用的法律知识，引导各族群众自觉学法、尊法、守法、用法，提高依法维权、依法解决矛盾纠纷的意识和能力。大力宣传法律面前人人平等的法治理念，让法治观念深入人心，让各族群众都明白，任何公民都平等享有宪法和法律赋予的权利，同时平等地履行宪法和法律赋予的义务，任何组织或者个人都没有超越宪法和法律的特权，不管是什么人，不管是哪个民族，都必须遵纪守法，都必须在法律的框架内行动，做到有法必依。

依法维护民族团结。不断提高用法治思维和法治方式处理民族事务的能力和水平，有效防范化解民族领域重大风险，依法保障各族群众合法权益，依法打击各类违法犯罪行为。不搞"一风吹""一刀切"。不能把涉及少数民族群众的一般性社会事务工作简单归结为民族工作，不能把涉及少数民族群众的民事刑事问题简单归结为民族问题，不能把发生在民族地区的一般矛盾纠纷简单归结为民族矛盾。要分清什么是民族问题、什么不是民族问题，是什么问题就按什么问题处理。对于涉及民族因素的人民内部矛盾，综合运用政策、法律、经济、行政等手段和教育、协商、调解等方法化解，防止事态扩大和矛盾激化。凡属违法犯罪的,无论涉及哪个民族、来自哪个地区,都要依法处理,不能以民族划线搞选择性执法,不能生拉硬套、随意贴民族标签,必须"去敏感化"。对于极少数蓄意挑拨民族关系、破坏民族团结的犯罪分子,对搞民族分裂的和暴恐活动的犯罪分子,无论什么民族出身、信仰哪种宗教,都要坚决依法打击,做到违法必究。

如何理解推广普及国家通用语言文字是做好民族地区工作的长久之策?

推广普及国家通用语言文字,是国家语言文字事业的核心任务。"书同文、语同音"历来是国家建设的重要内容,周代的"雅言"、汉代的"通语"、明清的"官话"、民国时期的"国语"以及中华人民共和国成立后推广的"普通话",几千年来,中华民族对通用语言的追求从未中断过。中华人民共和国成立以来,国家通用语言文字推广普及取得巨大成就,国家通用语言文字对民族地区的政治、经济、文化、教育、交通、信息技术等领域的发展发挥了重大作用。党的十八大以来,以习近平同志为核心的党中央高度重视语言文字工作。立足全面建设社会主义现代化国家新征程,迫切要求国家通用语言文字推广普及不断向更高水平和质量发展。

推广普及国家通用语言文字,是各民族不断增进对伟大祖国认同的重要基础。习近平总书记强调,"语言相通是人与人相通的重要环节。语言不通就难以沟通,不沟通就难以达成理解,就难以形成认同。"民族地区推广普及国家通用语言文字,有利于各族群众更为直接广泛地加强沟通、达成理解,进而在情感、思想、文化和政治等层面形成认同,是不断增强"五个认同"的前提和基础。

2021年9月,以"普通话诵百年伟业,规范字写时代新篇"为主题的第二十四届全国推广普通话宣传周开幕式在鄂尔多斯市举行

推广普及国家通用语言文字,是加强中华民族共同体建设的重要途径。语言文字是人类文明代代相传的载体,是打开沟通理解之门的钥匙,是促进文明交流互鉴的纽带。我国是统一的多民族国家,幅员辽阔、人口众多,拥有多民族、多语言、

多文种、多方言。一个国家需要一种全民共同使用的，能够在全社会通行的国家通用语言文字。以国家通用语言文字作为纽带，会极大地增强不同民族、不同语言、不同文化的地域之间经济文化社会交流，加深各民族之间情感，加强各民族之间联系，铸牢中华民族共同体意识。

推广普及国家通用语言文字，是各民族实现充分沟通交流的重要保证。语言相通增进心灵沟通。56个民族组成的中华民族大家庭，语言相通，相互了解，才能更加全面深入地实现交往交流交融，把民族团结落到实处。推广普及国家通用语言文字，消除民族间、地区间的语言交流障碍，才能有效促进各民族广泛交往、全面交流、深度交融，才能增进各民族之间相互尊重、相互理解和相互包容。

少数民族学好国家通用语言文字，对就业、学习现代科学文化知识、融入社会都有利。一项在新疆南疆开展的问卷调查表明，掌握国家通用语言后，民族地区家庭月收入有明显提高。我们身边那么多少数民族同胞因为掌握了普通话成为网络达人，由此走上富裕的道路。现在，无论是企业招人还是自主创业，无论是学历深造还是考公考编，国家通用语言文字的重要性都愈发凸显。这也表明，学好国家通用语言文字，无异于掌握了一把开启美好新生活的钥匙，接触世界、了解世界，从而更好更快地融入现代社会。

说一千道一万，推广普及国家通用语言文字、推行使用国家统编教材，是为了少数民族群众更好走向现代化，是为了少数民族的孩子们有更好的未来，体现的是党和国家对民族地区和少数民族群众的关怀和支持。

全面推广使用国家通用语言文字，并不意味着要消灭各民族的语言文字。科学保护各民族语言文字也是我国的一项重要政策。党和政府大力推广和规范使用国家通用语言文字，依法保障各民族使用和发展本民族语言文字的自由，提倡和鼓励各民族相互学习语言文字，不断促进各民族语言相通、心灵相通。

《〈内蒙古自治区实施《中华人民共和国国家通用语言文字法》办法〉施行——全面推广普及国家通用语言文字》

全面推广普及国家通用语言文字，鼓励各民族相互学习语言文字，在学习交流中增进感情、增加理解、建立友谊，真正发挥语言在沟通情感中的重要桥梁和纽带作用，这也是党和政府的一贯主张。

 为什么要坚定不移全面推行使用国家统编教材？

教材建设是国家事权，体现国家意志，是解决培养什么人、怎样培养人、为谁培养人这一根本问题的重要载体，直接关系国家教育方针的落实和教育目标的实现。

由国家教材委员会组织专门力量统一编写，于2017年9月在全国所有中小学校统一使用的中小学思想政治（道德与法治）、语文、历史三科国家统编教材，是国家级、高水平、权威性的教材。三科教材贯穿着弘扬社会主义核心价值观，加强中华优秀传统文化、革命文化和社会主义文化教育的编写原则，帮助广大青少年学生从小打好中国底色，铸牢中华民族共同体意识，成为能够担当民族复兴大任的时代新人。

广泛普及国家通用语言文字，全面推广使用国家统编教材，建设高质量教育体系。图为呼和浩特市玉泉区民族实验小学学生上语文课

大力推进国家通用语言文字教育和教材建设，有利于让民族地区各民族群众享受更加公平、更有质量的教育，具有重大现实意义和深远历史意义。推广普及国家通用语言文字、全面推行使用国家统编教材，不是可做可不做的工作，而是必须要

做、还要做好的工作，是我们必须完成好的重要政治任务。

全面推广使用国家统编教材是青少年学好使用好国家通用语言文字的重要依托。落实国家通用语言文字作为教育教学基本用语用字的要求，确保少数民族初中毕业生基本掌握和使用国家通用语言文字，高中毕业生熟练掌握和使用国家通用语言文字。全面加强学前儿童普通话教育，积极推进少数民族儿童学前学会普通话。

各级政府要认真贯彻落实党中央决策部署，抓实抓细教育引领、政策宣传、风险评估、措施保障等工作，有力有效推动推行国家统编教材及相关配套改革工作深入开展，确保到2025年全面完成各级各类学校语言文字规范化达标建设，为广大少数民族学生更好融入现代社会创造条件。

内蒙古作为"模范自治区"，我们有责任也有条件在推广普及国家通用语言文字上做表率。在这方面做表率，最基础的就是要从娃娃抓起，推行使用好国家统编教材，如果连这项最基础的工作都做不好，那么在民族地区推广普及国家通用语言文字上做表率就无从谈起，在方方面面做模范更无从谈起。为此，我们必须旗帜鲜明不折不扣地推进这项工作，更好地展现"模范自治区"应有的担当和作为。

 如何把民族团结进步的种子播撒在各族人民心间？

中华民族是一个血脉相通的共同体，汉族离不开少数民族，少数民族离不开汉族，各少数民族之间也相互离不开。民族团结是各民族在社会生活和交往中平等相待、友好相处、互相尊重、互相帮助的良好关系，是各民族发展进步的基石。民族团结重在交心，要将心比心、以心换心。

把民族团结进步创建工作做到各族群众心里。突出铸牢中华民族共同体意识的鲜明导向，深化创建工作的主题内涵，创新方式载体，扩大社会参与，推动创建工作全面提质增效。要坚持民族地区与散居地区并重、城市与农村并重、机关事业单位与社会各行各业并重，形成各地区各领域共同创建的大格局。突出重点，加大公共文化服务场所、重点行业、窗口单位、群团组织、新经济组织等创建力度。坚持示范引领，完善民族团结进步模范表彰制度，积极培育、广泛选树先进典型，在各族群众中营造人人讲团结、人人争做团结模范的良好氛围。

推动各族群众在流动融居中心相连。各民族交往交流交融是社会发展的必然趋势，是各民族实现共同富裕、共建共享社会主义现代化的必要条件。推进民族地区和其他地区各族群众跨区域双向流动。支持少数民族群众到东中部地区务工经商、求学就业、安居定居。常态化开展少数民族参观团、边疆民族地区基层干部群众和青少年参观考察、民族联谊活动等群众性交流活动。

在构建互嵌式社会结构和社区环境中形成你中有我、我中有你的一家亲格局。努力创造各民族共居共学、共建共享、共事共乐和迁徙流动的社会条件。统筹城乡建设布局规划和公共服务资源配置，以社区（村）为基础单元，引导各族群众互嵌式居住生活。调整完善学校结构布局，有序推进各族学生合校、混班混宿，深化民族班办学模式改革，积极营造有利于各族学生共同学习生活的环境氛围。支持各族群众联合创业、扶贫济困，相互理解尊重、相互欣赏包容，逐步实现在空间、文化、经济、社会、心理等方面的全方位嵌入，促进各民族共同进步。

如何理解"户户是哨所、人人是哨兵"的群众参与边防管控工作格局？

人民是最基础的力量，"户户是哨所、人人是哨兵"贯彻的是从群众中来到群众中去的群众路线，体现的是以人民安全为宗旨的新时代国家安全的根本立场。

深化推进爱民固边，全面形成群众参与边防管控工作格局。图为阿迪雅父子在祖国北疆升起鲜艳的五星红旗

这是行之有效的治理方式。内蒙古边境线长，边境管理区面积广，农村牧区人口居住分散，社会治理服务半径大，涉及战线长，地广人稀是内蒙古维护边防安全的"天然劣势"。坚持以民众为基础，深化推进爱民固边，广泛发动人民群众守边护边，全面形成"户户是哨所、人人是哨兵"的群众参与边防管控工作格局，是从内蒙古边疆地区实际情况出发，以求实的精神、科学的态度、创新的治理方式，在筑牢祖国北疆安全稳定屏障建设上发挥了重要作用，取得了积极成效。

这是独具特色的管控模式。推动治理重心向基层下移，最大限度发挥每一户、每个人的作用，探索推行"草原110""戍边警务室""蒙古包哨所""红色堡垒户"等有效做法，是内蒙古提升边境治理能力和治理水平的特色做法，极大地激发了每一位边民的主人翁意识和爱国热情，涌现出众多先进典型：阿拉善盟阿拉善右旗恩格日乌苏嘎查77岁的老党员尼玛，53载守望着祖国的北疆边境线；包头市达尔罕茂明安联合旗义务护边员阿迪雅，40年来将忠诚镌刻在祖国北疆的边防线上；呼伦贝尔边境管理支队的护边员图门，一家三代接力守护着由8块界碑连成的边境管段……在祖国北疆8000余里的边境线上，守边护边的时代赞歌绵延不绝。

这是边境治理的强大力量。内蒙古认真执行党中央关于新时代加强党政军警民合力强边固防的有关要求，统筹组织管边治边各支力量，协调做好军警民联防联控，广泛发动人民群众守边护边，"五位一体"治边格局持续巩固，真正形成了"户户是哨所、人人是哨兵"的群众参与边防管控工作格局，逐步形成了边境治理的强大合力。

 14 如何深入推进兴边富民行动,推动边境地区繁荣发展?

边境兴则边疆稳,边民富则边防固。兴边富民行动实施20多年来,内蒙古认真学习贯彻习近平总书记关于边疆治理的重要论述,坚持"富民、兴边、强国、睦邻"的宗旨,全面落实党中央、国务院关于兴边富民的各项方针政策和促进边境地区经济社会发展的重大战略部署,完善相关配套政策,加大资金投入力度,持续推动边境地区经济社会发展,不断巩固和发展民族团结、边疆安定、睦邻友好的局面,兴边富民行动成效显著。

新时代,内蒙古边境地区发展面临诸多机遇,也存在一些挑战,内蒙古要坚持强边、安边、固边、稳边、富边、睦边系统谋划,深入推进兴边富民行动,加强边境地区建设,促进边境地区经济发展,支持特色产业,推进边境地区繁荣发展、边民团结幸福、边防安全稳固。一是扶持边境旗市优势特色产业发展。加快产业集群建设,继续实施《内蒙古自治区"十四五"农牧业优势特色产业集群建设规划(2021—2025)》,支持在产业集群重点区域的边境旗市围绕主导产业建立产业集群,打造涵盖生产、加工、流通、科技、服务于一体的产业集群。聚焦奶业、肉牛、肉羊、马铃薯、羊绒5个重点产业链,找准强链、补链、延链、固链环节,推动边境地区特色产业集群、农业产

深入推进兴边富民行动,推动边境地区繁荣发展。图为内蒙古旅游暨"万里茶道"国际旅游推介活动中,中俄蒙三国旅游企业签约

业强镇、现代农牧业产业园建设。推动边境地区旅游业发展,依托边境地区自然景观和特色文化优势,打造"边境风光""异域文化""中俄蒙环线""万里茶道"等旅游品牌。二是推进兴边富民行动中心城镇建设。支持地处重要战略方向和关键通道节点、经济社会发展潜力较大且具有较强辐射带动能力的边境城镇发展,打造以边境县级市及地级市市辖区为枢纽、边境口岸和小城镇为节点、边境特色小镇为散点的边境一线城镇廊带。沿边的旗县级以上人民政府应当开展兴边富民中心城镇建设,积极争取兴边富民行动中心城镇中央预算内资金支持。加大城镇化补短板强弱项力度,提高抵边一线城镇产业支撑和人口集聚能力,推动形成边防沿线农牧民聚居点,吸引更多的人到边境地区置业安居、守边戍边。

• 第三章 •

把国家重要能源和战略资源基地建设得势强劲足

 将内蒙古建设成为国家重要能源和战略资源基地有何重要意义？

重大责任和光荣使命。能源安全是关系国家经济社会发展的全局性、战略性问题，对国家繁荣发展、人民生活改善、社会长治久安至关重要。习近平总书记深刻指出，能源保障和安全事关国计民生，是须臾不可忽视的"国之大者"。2023年6月，习近平总书记在内蒙古考察时强调，"推动传统能源产业转型升级，大力发展绿色能源，做大做强国家重要能源基地，是内蒙古发展的重中之重。"殷殷嘱托，重如千钧；使命在肩，奋力前行。建设国家重要能源和战略资源基地，是习近平总书记交给我们的五大任务之一，更是我们必须履行好的重大责任和光荣使命。

端稳中国"能源饭碗"。目前，我国面临着能源需求压力巨大、能源供给制约较多等挑战，亟须增强能源持续稳定供应和风险管控能力。内蒙古地域辽阔、资源丰富，有109种矿产保有资源量居全国前十，其中21种居全国第一，煤炭保有资源量占全国的1/4以上，风能、太阳能技术可开发量分别占全国的1/2和1/5以上，稀土保有资源量居全国第一位。截至2023年底，在产煤矿总产能达到13亿吨，电力总装机达到2.1亿千瓦；建成特高压外送电通道5条，外送电能力达到7000万千瓦，外送煤炭、外送电量均居全国首位。2023年，新能源发电量达到1650亿千瓦时，居全国首位。无论是在保障国家能源安全、支撑国家经济发展上，还是在优化国家能源战略布局、促进全国实现"双碳"目标上，内蒙古都具有重要地位和作用。把内蒙古建设成为国家重要能源和战略资源基地，才能为国家提供更加稳定、安全、绿色的能源和战略资源供给，为端稳中国"能源饭碗"作出内蒙古贡献。

内蒙古拥有全国57%的风能资源、超过21%的太阳能资源，曾经的内蒙古"羊煤土气"，今天的内蒙古"追风逐日"。图为呼和浩特市和林格尔新区

实现"闯新路、进中游"目标。重大能源资源项目的投资，将有效拉动相关产业链的发展，充分扩大内需，为经济社会高质量发展注入强劲动能。2023年上半年，内蒙古新能源投资同比增长114%，拉动全部投资增速24.8个百分点，成为全区经济增长最大动力。建设国家重要能源和战略资源基地，在服务

《内蒙古自治区建设国家重要能源和战略资源基地促进条例》

和保障国家能源安全的同时，也有利于内蒙古落实国家扩大内需战略，扩大内蒙古能源资源领域有效投资，为贯彻落实好习近平总书记对内蒙古的重要指示要求，完成好"闯新路、进中游"的目标任务提供强劲动力。

近年来，内蒙古为端稳中国"能源饭碗"作出了哪些贡献？

温暖千座城，点亮万家灯，这是内蒙古作为国家重要能源基地的使命和担当。迎峰度夏、能源保供……这两年，全国煤电供应紧张，作为国家重要能源和战略资源基地，只要祖国需要，内蒙古总是第一时间响应，坚决扛起国家能源安全重大政治责任，全力以赴保障能源供应。

煤炭保供一马当先。先后拿出50条措施推进能源增产保供，

进一步释放煤炭先进产能。2022 年和 2023 年,煤炭产量连续 2 年超过 12 亿吨,占全国煤炭产量的 1/4,居全国第二位,有力保障了全国煤炭的稳定供应。严格落实煤炭中长期合同制度,2023 年承担国家下达的电煤中长期合同任务 9.45 亿吨,占全国任务总量的 36%,居全国第一位。

电力供应领跑全国。2023 年,外送电量 2950 亿千瓦时,外送电量连续 19 年领跑全国,电力供应能力持续增强,送电范围覆盖华北、东北、华东、西北地区。

油气产销保障坚实。全力推动油气增储上产和天然气产供储销体系建设,累计建成油气长输管道 44 条。2023 年,全区原油产量 290 万吨,同比增长 17%;天然气产量 310 亿立方米,同比增长 1.3%,占全国天然气产量的 1/6。

建成 5 条特高压、11 条超高压输电通道。外送电量占全国跨省区外送电量的 15% 以上,其中"绿电"占 20% 左右。图为锡林郭勒盟特高压输电线路

 **内蒙古在能源经济向"新"而行、逐"绿"进发方面采取了哪些举措?**

内蒙古不仅盛产煤电,更有"风""光"无限、绿能涌动。近年来,内蒙古依托丰富的资源优势,持续推动规划引领、顶层设计,优化空间布局,从全局性、前瞻性、战略性角度科学谋划,坚持基地化规模化发展新能源,能源保障正逐步由"一煤独大"走向"多元发展"。

全力推进新能源项目建设。2023年,新能源项目共完成投资1700亿元,同比增长33%,已建成新能源装机规模达到9300万千瓦,跃居全国第一位。全力推进大型风电光伏基地建设,向国家争取"十四五"期间在蒙西沙漠地区建设4个大基地、配套4条外送通道。

 知识链接

内蒙古的"风""光"禀赋

内蒙古风能、太阳能资源丰富,是国家重要的清洁能源发展基地之一。风能资源技术可开发量14.6亿千瓦,约占全国的57%;太阳能资源技术可开发量94亿千瓦,约占全国的21%。内蒙古发展新能源产业有着得天独厚的优势。

全力打造全产业链装备制造基地。以风、光、氢、储 4 条产业链为重点,出台了《关于加强新能源装备制造基地规划布局的指导意见》,确定了第一批"链主"企业短名单,引进了东方电气、天合光能等 30 余家行业龙头企业。目前,呼包鄂通全产业链装备制造基地初步成形。

全力拓展新能源应用场景。在全国率先创新提出 6 类新能源市场化消纳模式,通过市场化方式为新增负荷配置相应规模新能源,实现新能源自发自用和能耗总量、碳排放、用能成本降低,达到"一石四鸟"的效果。

如何实现煤炭开发利用的华丽蜕变?

内蒙古煤炭产量约占全国的 1/4、全球的 1/8,这些地下宝藏如果挖出来就拉走,一味地在产量上做文章、不在产业上做文章,就不可能拉长煤炭产业链、提升转化率,也无法实现煤炭清洁高效利用。我们必须下大力气改变煤炭的开发利用方式,才能实现内蒙古煤炭产业的华丽蜕变。

推动煤基产业"老树发新芽"。鼓励和支持发展煤基全产业链,加快现代煤化工、煤焦化等项目延链补链扩链强链,推动产业链向高端化方向延伸,产品向新材料、化学品等精细化方向延伸，促进煤炭由燃料为主向燃料与原料并重转变，有效提高煤炭产品的使用效率，增加产品附加值。目前，内蒙古煤制气产能居全国第一位，煤制油、煤制烯烃、煤制乙二醇产能均居全国第二位，焦炭产能居全国第三位。

煤炭利用向绿色低碳转型。加强煤炭清洁高效集约化利用，推动传统燃煤电厂绿色智慧转型，推进煤电节能降碳改造、灵活性改造、供热改造，有计划地淘汰落后燃煤机组，推动传统燃煤电厂与新能源耦合式发展，实现电力电量绿色低碳供应。"十四五"以来，全区已累计完成煤电机组节能改造1600万千瓦、灵活性改造2000万千瓦、供热改造500万千瓦以上。2023年，全区供电煤耗约300克/千瓦时，较2020年下降21克/千瓦时。

注重保护生态，优化产业布

"四个革命、一个合作"能源安全新战略

党的十八大以来，习近平总书记站在统筹中华民族伟大复兴战略全局和世界百年未有之大变局的高度，统筹国内国际两个大局、发展安全两件大事，提出了"四个革命、一个合作"能源安全新战略。"四个革命"是指推动能源消费革命，抑制不合理能源消费；推动能源供给革命，建立多元供应体系；推动能源技术革命，带动产业升级；推动能源体制革命，打通能源发展快车道。"一个合作"是指全方位加强国际合作，实现开放条件下能源安全。

局。统筹生态环境承载力和煤炭资源赋存条件，整合煤炭资源，盘活矿区空白边角资源、夹缝资源，优化煤炭产能布局，有序释放煤炭先进产能，淘汰落后产能，建立煤矿绿色发展长效机制，推动现代化煤矿建设，推动煤矿增优汰劣，打造集约高效的煤炭保供基地。

如何争当能源降碳的"排头兵"？

在保障能源安全的同时完成绿色低碳转型，争当能源降碳的"排头兵"，内蒙古需要在"十四五"期间实现能源结构的明显优化，能源利用效率的持续提高，严格控制煤炭消费增长，加快构建以新能源为主体的新型电力系统。

严格控制煤炭消费，合理调控油气消耗。改善煤电装机结构，提升煤电整体能效。积极推进"煤改气""煤改电"工程。推动煤电节能改造。鼓励燃煤电厂就近开发使用清洁能源替代厂用电。打造一批清洁取暖示范项目。石油消费增速保持在合理区间，提升燃油油品和利用效率，加大生物柴油推广和使用力度，优化天然气消费结构。

加快构建新型电力系统。加快推进存量煤电机组"三改联动"，稳步推进电网改革，推动乌兰察布源网荷储一体化试点和通辽风光火储制研一体化试点建设，积极推广"新能源+储能"

建设模式，建设一批多能互补型电站，合理布局抽水蓄能电站建设，拓展储能多场景应用。截至 2023 年底，内蒙古已批复新能源总装机规模超 1.7 亿千瓦，已并网新能源总规模 9300 万千瓦，仅 2023 年一年就新增新能源装机超过 3000 万千瓦，新能源发电量超过 1600 亿千瓦时。

推动绿氢发展和应用。推动风光氢储产业集群发展。加快推进氢能基础设施建设，积极推进绿氢在冶金、化工、电力等领域的应用。目前，内蒙古已批复实施风光制氢一体化项目 37 个，绿氢规模 81 万吨。

推动风光氢储产业集群发展，加快推进氢能基础设施建设。图为五凌电力阿拉善右旗光储电站

6 内蒙古全力打造全国新能源产业高地面临哪些机遇和挑战?

当前,我国全力推进碳达峰碳中和进入关键攻坚期,能源低碳转型进入重要窗口期,我国不断加快能源绿色低碳转型的步伐,也为内蒙古带来了许多重大政策利好,这为内蒙古站在新能源发展的历史性"风口",统筹推进新能源开发建设提供了机遇。

与此同时,国家加快构建以国内大循环为主体、国内国际双循环相互促进的新发展格局,内蒙古能源资源和区位优势独特,在双循环发展格局下,在保障国家能源安全中的重要作用更加凸显。

坚持生态优先、绿色发展理念,新能源开发利用取得明显成效。图为草原上的风力发电机

这些都为内蒙古打造全国新能源产业高地带来了前所未有的机遇，同时，内蒙古也面临不少挑战。

绿色低碳转型任务艰巨。内蒙古地域辽阔，风光资源丰富，是大规模开发新能源的首选区域。同时，内蒙古也是化石能源生产消费大区，煤炭消费占比高，二氧化碳排放量大，碳减排压力大、任务重，能源结构调整缓慢，能源行业加快绿色低碳转型发展的任务十分艰巨。《内蒙古自治区碳达峰实施方案》提出，到 2025 年，非化石能源消费比重提高到 18%，煤炭消费比重下降至 75% 以下。到 2030 年，非化石能源消费比重提高到 25% 左右。实现这些目标，内蒙古仍需在加快能源产业绿色低碳转型方面狠下功夫。

发展模式升级挑战严峻。当前，能源发展正由主要依靠资源投入向创新驱动转变，以智能化为特征的能源利用新模式、新业态快速发展，区域式、分布式供能系统越来越多地用于满足新增用能需求。目前，煤炭和煤电等传统能源产业仍是内蒙古的主导产业，粗放型资源开发模式仍在继续，需要在推动产业结构转型升级上聚焦聚力，千方百计推动产业链往下游延伸、价值链向中高端攀升。

创新驱动发展不足。科技创新是引领发展第一动力，新兴能源技术正以前所未有的速度加快迭代，推进体制和发展模式创新，培育形成新产业和新业态，为能源行业带来全面变革。内蒙古能源产业创新基础不强、创新能力不足、原创成果不多，需要抓住世界能源新技术突破有利时机，发挥能源基地建设应用优势，提升能源产业创新链整体效能，形成创新驱动发展新局面，塑造能源发展新优势。

 **如何在新能源领域再造一个"工业内蒙古"？**

在新能源领域再造一个"工业内蒙古"，指的是力争到2025年，全区风光氢储车等产业产值突破1万亿元。做到这一点，对于推动内蒙古经济总量进入全国中游，必将起到极大的促进作用。

在新能源领域再造一个"工业内蒙古"，要在新能源开发利用过程中，始终坚持全产业链思维，一手抓新能源开发建设，一手抓装备制造、运维服务等关联配套产业发展，持续扩大应用和消纳场景，以新能源带动新工业，努力形成集聚效应和规模效应，决不简单地"发电卖电"。

一是精准开展招商。围绕风光氢储4条产业链，组织重点盟市"走出去""请进来"开展招商。二是集中集约布局。重点在呼包鄂通布局新能源装备制造产业，打造具有较强竞争优势的特色产业集群。三是促进消纳应用。充分利用内蒙古绿电"量大势足"的优势，大力吸引先进绿色高载能产业到内蒙古落地。

 **如何保障能源安全稳定供应？**

当前国际能源供需格局错综复杂，市场价格大幅波动，以太阳能和风能为代表的新能源发电又具有较强的波动性和间歇性，保障能源安全稳定供应仍然面临不少挑战，因此，提升能源供给弹性和韧性也成为内蒙古保障国家能源安全的题中应有之义。

加强能源储备体系建设。建立煤电油气储备制度、煤炭应急储备产能制度，加强应急备用电源建设，做好应对国际国内能源市场各类突发事件冲击的准备，确保能源稳定供应，防范抵御重大风险。

提升电力系统调节能力。有序推进燃煤机组灵活性改造，推进在建、新建、拟建的抽水蓄能电站建设，支持新型储能快速发展，保持系统供需动态平衡与安全稳定的能力，以应对供应或负荷的随机波动等突发情况，从而减少新能源的波动性、间歇性给电力供给动态平衡带来的不确定性，降低新形势下需求侧产业结构加速转换导致的负荷侧波动性增大带来的风险。

# 如何创新新能源开发机制？

当前，新能源产业蓬勃发展，全国各地竞争激烈。创新新能源开发机制，才能把握好历史机遇、发挥好自身优势，全力打造全国新能源产业高地，为内蒙古经济社会高质量发展和实现共同富裕注入不竭动力。

依托风光资源大规模开发利用的契机，争取更多企业总部、功能总部、区域总部、研发总部落户内蒙古，争取在内蒙古举行国际新能源发展大会，打造国际高水平合作交流平台。

在引进龙头企业的同时，也要做大做强本地企业，出台支持企业全面参与能源开发建设政策，鼓励和支持内蒙古企业以独立投资、合作投资、要素入股等多种方式，参与煤炭、煤电、新能源、抽水蓄能、独立储能及外送通道送出工程建设，带动本地上游、下游产业，促进装备制造、建材产业发展。

同时，还要通过新能源开发的契机带动共同富裕，为城乡发展注入新动力。推动地方政府、村集体、农牧民以及区内企业以国有建设用地使用权、集体土地使用权、土地承包经营权、配套服务等作价入股方式，参与能源项目建设，共享能源开发收益。

 内蒙古稀土产业取得了哪些成就？

稀土是先进装备制造业、新能源、新兴产业等高新技术产业不可或缺的原材料，是宝贵且关键的战略资源。内蒙古包头市白云鄂博矿区轻稀土储量居全球第一；工业储量4350万吨，占全国总量的83.7%、世界总量的37.8%；探明储量1.06亿吨。

近年来，内蒙古积极转变依靠资源发展的传统模式，促进稀土新材料产业不断集聚、产业水平不断提升，形成了"稀土原矿开采—选矿—冶炼—分离—功能材料—终端应用"的全产业链条和从采冶、加工到应用、研发、贸易完整的产业体系。稀土产业已形成了一大批具有自主知识产权的稀土应用产品，稀土原材料就地转化率达到80%。

眼下，内蒙古正瞄准高性能稀土功能材料重点领域，提升原始创新能力，加强核心技术攻关和自主知识产权体系建设，着力构建特色鲜明、结构合理、集约高效、产业共生耦合的稀土产业发展体系，向着稀土产业千亿级产业集群发展目标迈进。

包头市被誉为"中国稀土之都"。当前，包头市以打造千亿级产业集群和具有世界影响力的"磁谷"为目标，在发挥资源优势和政策优势的基础上，瞄准"产业下游"，精准发力"产业链",形成了优先发展永磁、储氢材料产业,重点发展抛光、发光、催化材料产业,积极发展稀土永磁电机、稀土特种合金等"稀土+"产业新格局。

目前,正在全力打造"世界稀土之都"的包头市,是全球最大的稀土选冶分离基地,已经形成了完整的稀土产业体系,全国前10强的磁材企业有7家落户包头市,全市已建成的国家级科研平台占全国稀土领域国家级创新平台的50%以上。

钢中有稀土,更坚、更韧、更强。包头稀土钢广泛应用于航母、潜艇、"中国天眼"等大国重器和重要建设项目。全国有约1/3的高铁钢轨出自包头钢铁集团。图为包钢集团500米稀土焊轨外运出厂

 **稀土产业如何进一步做精做优做强？**

内蒙古要推动稀土产业做精做优做强，必须积极推进稀土资源保护性开发、高质化利用，规范稀土全产业链发展，强力推动"稀土+"协同创新。打造全国最大的稀土新材料基地和全国领先的稀土应用基地。包头市在稀土产业发展方面拥有得天独厚的资源优势，应该充分利用这一条件，依靠技术创新，加快产业升级，加快发展稀土永磁电机等稀土产业链下游产品，实现产品数量、质量、价值的真正结合和统一。

加强稀土利用科技攻关。支持科研院所、高等院校和企业围绕稀土绿色冶炼分离与稀土新材料及应用等重点领域，开展关键核心技术攻关，推进重大科技成果转化应用，突破工艺、设备、材料等方面关键技术瓶颈。

延伸稀土产业链条。开展稀土材料的产业化应用，鼓励发展稀土深加工应用产业，稀土高端应用和智能化、绿色化项目，提升稀土新材料产品质量和智能制造水平，做强稀土产业链。发挥稀土龙头企业带动作用，提升稀土就地加工转化率，提高稀土产业产值。

推进稀土产业全面转型。开展稀土行业碳达峰碳中和、节能降耗减排行动，实施生产环节智能技术改造，推进稀土产业大数据平台、工业互联网、产品交易平台建设。鼓励和支持利用环境友好的技术、工艺，对含有稀土的二次资源进行回收利用。

如何推进矿产资源绿色集约利用？

内蒙古要发挥好战略资源优势，提高资源保障能力、维护国家资源安全、实现经济社会可持续发展，就必须推进矿产资源的节约与综合利用。

矿产资源的开发方面，要推动战略资源合理有序开发，统筹开发与保护，实现生态保护红线等控制线与战略资源区域充分衔接；加快战略资源采选冶加一体化发展，形成合理采、集中选、定点冶、就近加工转化的开发建设模式，促进战略资源向总量管理、科学配置、全面节约、高值利用方向发展。

矿产资源的集约利用方面，完善二次战略资源回收利用体系和政策体系，加快战略资源循环利用基地建设，推动建设环保标准高、技术先进的废弃物综合处置示范项目；优化矿山结构，控制矿山数量，提高大中型矿山比例，依法关停技术落后、资源浪费和环境污染严重、不具备安全生产条件的矿山；严格按照绿色矿山建设标准规划设计、建设和运营管理新建矿山，对生产矿山实施绿色化升级改造,加强尾矿库运行管理,防范和化解环境和安全风险。

保护生态环境方面,从事战略资源勘查、开采活动时,采用先进适用的工艺、设备和产品,选择环保、安全的勘探、开采技术和方法,避免或者减少对资源和生态环境的破坏;禁止使用国家明令淘汰的工艺、设备和产品。在生态环境敏感区从事资源勘查、开采活动,应当符合相关管控要求,采取避让、减缓和及时修复重建等保护措施,防止造成环境污染和生态破坏。

全力规范矿产资源开发利用秩序,推进矿产资源节约集约高效利用。图为黑岱沟露天煤矿生态林

第四章

把国家重要农畜产品生产基地建设得量大质优

 习近平总书记对内蒙古建设国家重要农畜产品生产基地提出了哪些重要要求？

党的十八大以来，习近平总书记站在党和国家事业发展全局的高度，始终关注内蒙古农牧业和农村牧区发展，对内蒙古建设我国重要的农畜产品生产基地寄予厚望，作出一系列重要指示和要求，为内蒙古指明了方向、提供了遵循。

为保障国家粮食安全多作贡献。2014年春节前夕，习近平总书记赴内蒙古看望慰问各族干部群众时指出，"持之以恒抓好粮食生产。关于粮食安全问题，我在中央经济工作会议和中央农村工作会议上都反复强调过。这是因为我国有13亿人口，如果哪天粮食出了问题，谁也救不了我们。所以，粮食生产，越是形势好，越大意不得。内蒙古是全国13个粮食主产区之一，粮食生产还大有潜力可挖，单产和科技贡献率还有很大提高空间。要严守耕地红线，强化科技创新支撑，调动农民积极性，增强粮食综合生产能力，确保农民种粮和地方抓粮不吃亏、有收益，为保障国家粮食安全多作贡献。"习近平总书记一再强调要"把中国人的饭碗牢牢端在自己手中"，内蒙古的使命和责任就是要往这个"饭碗"里多装粮，装好粮、装好肉、装好奶，着力保障国家粮食安全。

推动农牧业高质量发展。2019年7月，习近平总书记在内蒙古考察并指导开展"不忘初心、牢记使命"主题教育时指出，"内蒙古是粮食主产省区之一，是我国重要的农畜产品生产基地，粮食生产实现了'十五连丰'，牛奶、羊肉、绒毛、草业产量居全国首位。要贯彻落实党中央关于'三农'的方针政策，推动农牧业发展向优质高效转型。要统筹考虑资源禀赋和市场需求，坚持宜粮则粮、宜牧则牧、宜林则林，不断优化农牧业区域布局和生产结构，建设若干特色农畜产品产业带。这些年，内蒙古在推动农牧业优化升级方面下了不少功夫，涌现出千亿级的奶产业、百亿级的肉牛产业和马铃薯产业。要沿着这个路子继续走下去，打造出更多专业化、规模化的产业集群。"2023年6月，习近平总书记在内蒙古考察时强调，"要发挥好农牧业优势，从土地、科技、种源、水、草等方面入手，稳步优化农牧业区域布局和生产结构，推动农牧业转型发展，大力发展生态农牧业，抓好农畜产品精深加工和绿色有机品牌打造，促进一二三产业融合发展，推动农牧业高质量发展。"打造出更多专业化、规模化的农畜产品产业集群，是习近平总书记和党中央对内蒙古的要求和期许。内蒙古要按照全产业链思维、工业化思维推进现代农牧业发展，全力打造奶业、玉米、肉牛、肉羊千亿级产业，培育发展羊绒、马铃薯等多个百亿级产业，推动农牧业高质量发展，努力在更高层次上保障国家粮食安全。

把产业发展落到促进农民增收上来。2014年春节前夕，习近平总书记赴内蒙古看望慰问各族干部群众时指出，要加快传统畜牧业向现代畜牧业转变步伐，探索一些好办法，帮助农牧民更多分享产业利润效益，真正同龙头企业等经营主体形成利益共同体。2019年7月，习近平总书记在内蒙古考察并指导开展"不忘初心、牢记使命"主题教育时指出，"产业是发展的根基，产业兴旺，乡亲们收入才能稳定增长。要坚持因地制宜、因村施策，宜种则种、宜养则养、宜林则林，把产业发展落到促进农民增收上来。要建强农村基层党支部，提升乡镇和村为农民和农业服务能力。"习近平总书记再三强调，把增加

优化产业结构，拓宽增收渠道。图为通辽市开鲁县东方红村村民翻晒丰收的红辣椒

农民收入作为"三农"工作的中心任务,千方百计拓宽农民增收致富渠道。落实习近平总书记嘱托,内蒙古要加大培育龙头企业力度,引导龙头企业增强带动产业发展和农牧民增收能力,同时探索更多企业和农牧民的利益联结机制,推进农村一二三产业融合发展,促进农牧民致富增收。

内蒙古在建设国家重要农畜产品生产基地方面有哪些优势?

种好"塞外粮"、丰盛"中国碗"。内蒙古是全国5个耕地保有量过亿亩的省区之一,位于北纬38°~53°,是国际公认的优质畜牧区、黄金奶源带,建设国家重要农畜产品生产基地优势独具。

从资源优势看,内蒙古地域辽阔、资源丰富,具有天蓝水净、人口密度低、空气污染轻等环境优势。内蒙古有耕地面积1.7亿亩、居全国第二位,有森林近4亿亩、居全国第一位。丰富的耕地、林地具有不同地域特点的土地优势——西辽河平原的优质玉米生产基地,大兴安岭东南的优质大豆、水稻生产基地,河套、土默川平原的优质小麦、向日葵生产基地,中西部丘

《内蒙古自治区建设国家重要农畜产品生产基地促进条例》

陵旱作区的优质马铃薯、杂粮杂豆生产基地——这些优势为内蒙古农畜产品发展提供了有力保障。广袤无垠的草原东西绵延2000多公里，占全国草原面积的1/5，居全国五大牧场之首；草原植物资源丰富，有野生植物2700多种、饲用植物790多种，为发展草原畜牧业及畜产品加工业奠定了基础。

提升粮食产能和农业综合生产能力，全方位夯实粮食安全根基。图为乌兰察布市马铃薯田间作业（上），巴彦淖尔市向日葵种植区（左上），通辽市玉米主产区使用大型全自动玉米脱粒设备收粮入仓（右上），兴安盟国家现代农业产业园（左下），呼伦贝尔市小麦收割现场（右下）

从产业优势看，内蒙古大力发展现代农牧业，10年来，打造形成奶业、玉米2个千亿级和肉羊、肉牛、马铃薯、葵花子等10个百亿级产业集群。内蒙古粮食产量连续6年突破700亿斤、稳居全国第六位，每年有一半以上的粮食调往区外、供应全国；草食牲畜存栏突破7000万头（只），羊肉、牛肉、牛奶、羊绒产量分别约占全国的1/5、1/10、1/6、1/2。锡林郭勒盟的肉牛、肉羊产业发展为全国范围内的畜牧业领军产业；伊利和蒙牛双双挺进全球乳业10强，分别位居第五位和第七位；以鄂尔多斯羊绒、细绒为代表的特色产业也成为农畜产品经济发展的重要支撑。

当好"压舱石"，国家"粮仓""肉库""奶罐"实力几何？

北疆"粮仓"岁稔年丰，"肉库""奶罐"名副其实。说到"粮仓"，内蒙古有耕地面积1.7亿亩、居全国第二，外调粮食居全国第四；说到"肉库"，全国人民每吃5斤羊肉就有1斤产自内蒙古，每吃10斤牛肉就有1斤产自内蒙古；说到"奶罐"，全国人民每喝6杯牛奶就有1杯来自内蒙古。

内蒙古是国家重要的"粮仓"。2023年，粮食生产实现"二十连丰"，粮食播种面积1.04亿亩，总产量从2012年的505亿斤增至791.6亿斤，稳居全国第六位，粮食总产和单产均创历史新高。每年有400亿斤粮食调往区外、供应全国。

大力发展生态农牧业，让"粮仓"实、"肉库"足、"奶罐"盈。图为牧民在锡林郭勒盟乌拉盖草原放牧

内蒙古是国家重要的"肉库"。2022年，畜牧业生产实现"十八连稳"，肉类总产量从2012年的246万吨增至278万吨，羊肉、牛肉产量居全国第一。肉牛存栏提升至636万头，肉羊存栏持续稳定在6000万只以上，每年向区外调出肉类150万吨以上。

内蒙古是国家重要的"奶罐"。2022年，奶产量位居全国第一，达到741万吨，是全国唯一一个突破700万吨的省区；

乳制品产量 415.2 万吨，较上年增长 12.6%。伊利、蒙牛两大乳企综合排名分列世界第五和第七、亚洲第一和第二。

 **如何应对种业"卡脖子"问题？**

守好"农业芯"，端稳"金饭碗"。内蒙古高度重视种业发展，先后出台《种业发展三年行动方案（2020—2022 年）》《内蒙古自治区"十四五"种业发展规划》《关于加强农牧业种质资源保护与利用的实施意见》《内蒙古自治区种业振兴行动实施方案》等政策措施，部署了种质资源保护利用、良种化水平提升、优良品种培育"三大工程"，为种业振兴明确了时间表和路线图。

实施种质资源保护利用工程，"全面普查"夯实种质资源基础。围绕玉米、大豆、谷子、向日葵等重点品种育种创新，鉴定评价种质资源 4800 份以上，强化育种基础支撑服务；采集制作畜禽遗传材料 8 万份以上，完成好国家和自治区保种场（区）的保种任务；完成 27 个旗县（区）的系统调查和抢救性收集工作，收集资源 2160 份以上，采集制作畜禽遗传材料 8 万份以上。

实施良种化水平提升工程，"看禾选种"加快良种推广步伐。推进乌兰察布市四子王旗马铃薯、呼伦贝尔市莫力达瓦达斡尔族自治旗和鄂伦春自治旗大豆等9个国家级良种繁育基地和制种大县建设，支持赤峰市翁牛特旗玉米、兴安盟科尔沁右翼前旗大豆2个自治区级制种大县发展，确保全区农作物良种繁育基地面积稳定在100万亩以上。全区12个盟市启动建设了60个"看禾选种"平台，以品种展示示范为核心，筛选适应不同生态区域、种植习惯、市场需求的主导品种，加快优良品种推广步伐。

实施优势特色品种培育工程，"揭榜挂帅"提升育种创新动力。启动内蒙古优势特色品种攻关，强化向日葵、大豆、谷子育种优势，提升马铃薯、燕麦、苜蓿、羊草品种竞争力，提升肉牛、肉羊产业化水平；鼓励企业自主攻关，支持自治区优势企业自主开展玉米、生猪育种联合攻关，开展种质资源收集、鉴定、评价和联合利用工作。

 **如何破解水资源瓶颈制约？**

有水遍地粮，无水遍地荒。高质量建设国家重要农畜产品生产基地，"水"是个难点。内蒙古农牧业用水占全区总用水量的72%，高出全国平均水平10个百分点，已建成高效节水灌溉面积仅占水浇地面积的38%，水资源严重紧缺是制约内蒙古农牧业可持续发展的一个主要因素。

加快破解水资源瓶颈制约，要向科技要单产、要效益，推广应用节水型品种，科学使用节水灌溉技术，以粮食主产区为重点，提升以滴灌为主的高效节水技术覆盖率。全区以推进农业高效节水为契机，加大重点中型灌区节水改造和配套设施建设，在干旱缺水和水资源超载地区推行旱作高标准农田建设，大力推广以滴灌为主的高效节水灌溉模式。2023年，全区农业节水3.73亿立方米左右。农业节水增效，不仅使大水漫灌、地下水超采等问题得到解决，也倒逼农业现代化转型发展。

加快破解水资源瓶颈制约，根本上要靠有效的激励约束机制。制定《内蒙古自治区推进农业节水实施方案》，以建立健全农业节水机制为抓手，改革完善农业用水管理、农业水价形成、工程建设和管护、节水奖励和精准补贴四项机制，全面推进农业用水方式由粗放向节约集约转变，不断提高农业水资源利用效率。内蒙古首批引黄灌溉用水权确权证书的发放，迈出了破解水资源瓶颈制约坚实的一步。2023年7月末，随着2761张"内蒙古河套灌区引黄灌溉用水证"发放完毕，内蒙古河套灌区完成引黄用水确权工作。这意味着"大锅水""大漫灌"的做法行不通，农业用水不再无节制。

6 内蒙古在推动农业品牌提升方面有哪些成绩和亮点?

打造"蒙"字标,亮出"硬招牌"。2019年7月,习近平总书记在内蒙古考察并指导开展"不忘初心、牢记使命"主题教育时指出,"内蒙古多数农牧区水是清洁的,土是干净的,这就是生产力,也是竞争力。"内蒙古地域辽阔、物产丰富,独特的生态环境和资源优势造就了优质、绿色、健康的农产品,孕育了一大批区域公用品牌。目前,内蒙古已有"名特优新"农产品720个,数量居全国第一,大家耳熟能详的天赋河套、敕勒川味道、科尔沁牛、锡林郭勒羊、赤峰小米、兴安盟大米等已经成为高品质生活的代名词,伊利金典、蒙牛特仑苏和鄂尔多斯羊绒衫等高端产品更是享誉全球,"蒙字号"品牌越来越响亮。

内蒙古深入实施农牧业品牌提升行动,以"蒙"字标为牵引,加快构建特色鲜明的农牧业品牌体系,使内蒙古的区域优

势、资源优势、生态优势、质量优势、人文优势转化为品牌优势，"蒙"字标已经成为内蒙古优质农畜产品的代名词。截至目前，内蒙古累计创建10个国家级、32个自治区级特色农产品优势区，11个区域公用品牌入选中国农业品牌目录。"中国薯都"乌兰察布市的马铃薯品牌价值突破100亿元，位居中国五大马铃薯产区之首；兴安盟大米品牌估值超180亿元，品牌溢价超20%，成为兴安盟最响亮的名片之一。

让绿色优质农畜产品的品牌亮起来、响起来，让更多大而美、小而特的农牧业品牌走向市场，让"千里草原、万里牧场，生态内蒙古、绿色好味道"香飘万里、誉满全球，内蒙古推动农业品牌提升正在进行。

推进农畜产品生产基地建设，提高农畜产品品牌竞争力。图为兴安盟扎赉特旗稻田画

 如何推动农牧业全产业链发展？

2019年7月，习近平总书记在内蒙古考察并指导开展"不忘初心、牢记使命"主题教育时强调，"内蒙古初级产品多，原字号特征突出，很多东西'养在深闺人未识'，好东西卖不上好价钱。改变这种情况，就要大力发展精深加工，在优质资源基础上延伸产业链条，提高产品科技含量和附加值。"当前，内蒙古农牧业经济发展"链"的问题比较突出：农畜产品加工转化水平低，龙头企业或其他经济组织引领不足，精深加工始终没有做大做强，处于农牧业产业链的低端，价值链条短、附加值比较低。

全产业链开发，全价值链提升。内蒙古深入实施现代农牧业产业化发展行动，持续支持合作社、家庭农牧场发展产地初加工，引导龙头企业发展精深加工，实现全环节提升、全链条增值。按照全产业链思维、工业化思维推进现代农牧业发展，全力打造奶业、玉米、肉牛、肉羊4个千亿级产业，培育发展羊绒、马铃薯等多个百亿级产业。特别是在中国奶业振兴上要体现内蒙古的担当作为，加快形成"从一棵草到一杯奶"的全产业链。

2023年内蒙古自治区政府工作报告指出，"锚定由农畜产品产量大区向农牧业产业强区转变的目标，在延伸产业链、提高附加值、做强做大企业上重点发力。"锚定目标，久久为功。内蒙古制定出台专项政策，以更清晰的思路、更有力的行动延链、补链、强链，推动产业链向上下游延伸、价值链向中高端拓展。着力打造肉牛、肉羊、饲草、羊绒、马铃薯等重点产业链，推进农牧业全产业链发展；积极创建国家现代农业产业园、产业集群和产业强镇，打造出更多专业化、规模化的农畜产品产业集群；大力培育国家级、自治区级龙头企业和新型经营主体，支持更多乳企、肉企、薯企、绒企"百花齐放"。

内蒙古要做大做强奶业产业链。强化伊利、蒙牛引领带动作用，以伊利现代智慧健康谷、中国乳业产业园等项目为抓手

内蒙古是中国奶业的主产区，素有全国"奶罐"之称，奶牛存栏量、牛奶产量均居全国首位。图为伊利现代智慧健康谷

打造全球一流乳业全产业链生态圈，加快草源、种源、奶源基地建设。做大做强肉牛、肉羊产业链。提高资源整合度和发展集中度，推进种养加销全链条发展，支持通辽市建设全国肉牛产业第一重镇、锡林郭勒盟建设中华西门塔尔牛种源基地，力争用3年左右时间推动肉牛、肉羊产业迈进产值千亿门槛。做大做强林草产业链。一手抓"为养而种"，大力发展饲草业，稳定优质饲草种植规模，培育壮大羊草产业；一手抓"生态惠牧"，大力发展生态草业，让广袤的草原沙地变成"聚宝盆""碳汇库"。

8. 内蒙古出台的"奶九条"包括哪些具体措施？

2022年，内蒙古出台了《内蒙古自治区推进奶业振兴九条政策措施》，从全产业链解决制约奶业发展的关键问题，力争到2025年奶类产量达到850万吨，全产业链产值突破3000亿元，率先在全国实现奶业振兴。

一是对新建规模化奶牛养殖场进行补贴。自治区财政对2021年以后建成的3000头规模养殖场补贴600万元，每增加500头再补贴100万元；盟市按照自治区补贴资金的20%增加配套。补贴资金主要用于规模化养殖场"三通一平"、粪污处理、基础设施建设和设备购置。补贴资金在奶牛存栏达到补贴标准后予以兑现。

二是对使用专项债新建奶业发展园区予以支持。鼓励地方人民政府利用专项债新建以规模化奶牛养殖场为主要内容的奶业发展园区,自治区在专项债安排上给予重点支持。

三是对龙头企业生鲜乳加工增量进行补贴。给予国家和自治区级乳制品加工龙头企业生鲜乳加工增量补贴,自2022年开始,以上一年生鲜乳加工量为基数,对企业每增加1吨生鲜乳加工量给予200元补贴用于奶源地建设,补贴比例自治区和盟市各承担50%。

积极推进奶业振兴,持续推动高质量发展。图为蒙牛液态奶生产线

四是对龙头企业利用生鲜乳喷粉进行补贴。对国家和自治区级乳制品加工龙头企业 3—5 月使用生鲜乳进行喷粉补贴，按照收购生鲜乳数量的 10%，每吨补贴 800 元，补贴比例自治区和盟市各承担 50%。

五是对利用性控胚胎培育高产奶牛进行补贴。对养殖场能繁母牛利用性控胚胎培育高产奶牛进行补贴，自治区财政对使用国产和进口性控胚胎按照每支市场价格的 50% 进行补贴。

六是对新增规模化苜蓿草种植进行补贴。自 2022 年开始，自治区财政对新增集中连片标准化种植 500 亩以上的苜蓿草种植企业（合作社、种植户）给予补贴，以 500 亩为一个单元，每个一次性补贴 5 万元。

七是设立奶牛疫病防控专项资金。自治区设立奶牛疫病防控专项补助资金 5000 万元，主要用于养殖场（户）奶牛布病免疫、结核病监测，人畜共患病的快速监测、诊断、净化及疫苗等技术研究创新和推广应用，奶牛乳房炎等生殖系统疾病的防治及代谢病研究和推广应用等专业服务。

八是支持乳业创新平台建设。自治区财政每年安排 1 亿元资金支持国家乳业技术创新中心建设，主要用于科技创新平台建设、科技研发、重点课题攻关。重大课题研究实行"一事一议"。

九是设立奶业振兴基金。通过基金投资的方式，吸收社会资本参与奶业振兴，给予处于产业链上的奶业龙头企业重点支持，解决奶业振兴资金短缺问题。

夯实粮食安全根基，扩大数量是关键环节，怎么扩？

2022年，习近平总书记在中央农村工作会议上强调，"保障粮食和重要农产品稳定安全供给始终是建设农业强国的头等大事"，"要实施新一轮千亿斤粮食产能提升行动"。

扩大数量要保红线。耕地是农业生产的命根子，要落实最严格的耕地保护制度，不打折扣、不讲条件地保护耕地。坚持数量与质量并重，实施耕地保护和建设行动，坚决遏制耕地"非农化"，确保耕地数量不减少、质量有提升，稳定粮食播种面积，稳定粮食生产。

扩大数量要提产能。土地是粮食生产之根之本，要强化政策补助，从盯住"有条件的地方"转向盯住撂荒地、盐碱地等地块，挖掘草原、森林、荒地和戈壁、沙漠潜力，把后备资源改造好，实现应种尽种、应耕尽耕；继续增加饲草基地面积，提高畜牧业产能；扩大设施农业面积，提高土地利用率。要精打细算控制好土地用途，坚决遏制耕地"非粮化"。

扩大数量要强根基。在保障耕地面积的同时，要努力提高耕地质量，加强高标准农田建设，夯实现代农牧业发展根基。加快建设国家重要农畜产品生产基地，全面夯实内蒙古农牧业基础，稳步提升粮食供给能力，不断壮大农牧业生产规模。

 夯实粮食安全根基,提高质量是长远出路,怎么提?

提高质量要规模经营。稳定实施农机购置与应用补贴政策,引导从事社会化服务的农机大户、合作社和企业购置先进适用农牧业机械,尽可能为农牧业生产提供全程机械化服务,助力机耕、机播、机收质量提升。到 2025 年,争取旗县级以上农牧民合作社示范社、示范家庭农牧场均达到 7000 个以上,农作物耕种收综合机械化率达到 88% 以上,畜牧养殖机械化率达到 50% 左右。

集中力量补短板强弱项,推进粮食生产全程机械化。图为呼伦贝尔农垦集团谢尔塔拉农牧场施肥现场

提高质量要振兴种业。持续推进种业振兴重大示范工程，以种业创新为重点，大力推进种业振兴，加大研发力度，开展优势特色品种联合育种攻关，引育高质量种质资源，努力在育种上实现大突破，打好种业翻身仗，不断增强良种供给能力。

提高质量要节本增效。增加粮食产量的根本出路是向科技要单产、要效益，坚持开源增水和节约用水同时发力，在农业深度节水控水上下功夫，实施田间渠道衬砌、沟渠疏浚等农田水利工程，推广无膜浅埋滴灌、膜下滴灌或水肥一体化等旱作农业节水技术，加快破解水资源瓶颈制约。要为种子种苗、科学施肥用药、病虫害防治、田间除草、田间作物管理等环节提供全方位技术服务，以科技和改革为驱动，强化农牧业技术创新，提高农牧业科技贡献率。

实现现代农牧业绿色发展有何重要意义？

实现农牧业绿色发展，是高质量建设国家重要农畜产品生产基地的内在要求，对于内蒙古走好以生态优先、绿色发展为导向的农牧业高质量发展新路子具有极其重要的意义，推进农牧业绿色发展势在必行。

当前，内蒙古农牧业发展还面临着生产方式较为粗放，绿色优质农畜产品供给还不能完全适应消费结构升级需要的现实问题。只有加快发展节水高效农业和生态畜牧业，持续推进产地环境净化，稳步提升产品质量安全水平，促进农牧业绿色发展，才能满足人民日益增长的营养健康需求，实现农牧业高质量可持续发展。为此，内蒙古把筑牢我国北方重要生态安全屏障作为首要战略定位，把保护生态环境摆在压倒性位置，坚决走生态优先、绿色发展之路，坚决改变粗放型的资源开发模式、农牧业生产经营方式。内蒙古绿色有机农畜产品年产量已接近1000万吨、居全国前列，到2035年，要实现农牧业绿色发展全过程转型。

内蒙古在推动农牧业绿色发展上有哪些亮点？

内蒙古以农业控肥、控药、控膜、控水"四控"行动为抓手，以绿色发展为导向，统筹推进农业面源污染治理，促进农产品提档升级，农牧业绿色发展水平稳步提升。

持续推进化肥农药减量。在全区组织实施化肥农药减量增效行动，打造1.27亿亩次测土配方施肥、225万亩化肥减量"三新"技术示范区。推广农机农艺配套、有机无机融合、配方肥与新型肥料互补的化肥减量增效技术模式，大面积推广病虫草害统防统治和绿色防控，化肥农药使用量连续 4 年保持负增长。

大力推动农业高效节水。以"节水稳粮增效"为目标，在 12 个盟市 60 个旗县开展农业节水增效行动。制定农业高效节水实施方案，明确"五节"措施，总结推广引黄灌区移动式直滤滴灌水肥一体化、引黄蓄水二次澄清滴灌水肥一体化、水肥一体化酸碱调控 3 种技术模式，推动内蒙古农业用水方式由粗放低效向节约集约转变。

提升农用地膜回收水平。出台《内蒙古自治区农牧厅加强废旧地膜回收十条措施》《内蒙古自治区农用薄膜污染防治条例》，压实主体责任和管理属地责任，建立起"村嘎查收集、乡镇集中、企业回收处理"的废旧地膜全程回收网络，解决地膜离田问题。秸秆回收利用水平不断提升，秸秆利用量 3983 万吨，秸秆综合利用率达 91.15%，高于全国平均水平 3 个百分点。

高质量发展生态畜牧业。持续抓好第三轮草原生态补助奖励政策落实，9.7 亿亩草原"带薪休假"。在西乌珠穆沁旗、扎赉特旗、扎鲁特旗实施草原畜牧业转型升级试点项目，示范带动草原畜牧业标准化、规模化、产业化转型。

绿色打底，内蒙古味道香飘万里。内蒙古有绿色食品、有机农产品 4788 个，总产量达 1537.98 万吨，排名全国前列。全区主要农畜产品质量安全监测合格率达 99.5%，高于全国平均水平 1.7 个百分点。

牢记嘱托 感恩奋进——五大任务读本

13 把国家重要农畜产品生产基地建设得量大质优，有哪些重要举措？

为把国家重要农畜产品生产基地建设得量大质优，内蒙古自治区党委、政府研究制定了《关于建设国家重要农畜产品生产基地的实施方案》（以下简称《实施方案》）。《实施方案》聚焦扩大数量、提高质量、增加产量，明确了夯实现代农牧业发展根基，高质量构建重要农畜产品供给保障、产业融合发展、农牧业科技和装备支撑、新型农牧业经营、农牧业绿色发展"五大体系"的任务目标，提出 22 项重点举措。

从扩大数量上发力。逐步将永久基本农田全部建成高标准农田，推进高效节水灌溉工程，改造提升现有高标准农田和中低产田，推进黑土地保护和盐碱地综合利用。加快建设羊草、

持续加强重要农畜产品生产基地建设，促进粮食和重要农畜产品稳定安全供给。图为我国培育的乳肉兼用品种、国家地理标志产品额尔古纳市三河牛（左），沃野千里的河套平原（右）

苜蓿等优质饲草基地，积极发展柠条种植。大力发展现代设施农牧业，加强产地冷链物流、仓储保鲜等基础设施建设。充分挖掘内蒙古优质资源，进一步扩大农牧业生产面积，夯实现代农牧业发展根基。

扎实推进高标准农田建设，让"小田"变"大田"，"农田"变"良田"。图为赤峰市松山区绿色数字高标准农田示范区

从提高质量上发力。以种业创新为重点，强化科技和装备支撑，大力开展优势特色品种联合育种攻关，国家乳业技术创新中心、国家草（种）业技术创新中心和巴彦淖尔国家农高区等平台建设，不断增强良种供给能力。强化农牧业面源污染治理，抓好重大动物疫病防控，持续加强监管检测能力建设。大力培育国家级、自治区级龙头企业和新型经营主体，持续推进农畜产品精深加工。高标准打造区域公用品牌，塑造"亮丽内蒙古、健康农产品"形象。全面提升现代农牧业发展质量。

从增加产量上发力。落实粮食安全党政同责,建设国家粮食安全产业带,持续推广高产种植技术,开展整建制单产提升行动,不断提高作物单产水平,开展社会化服务,稳步提升粮食产能。落实"奶九条"政策,建设一流奶源、种源、草源基地,推进奶业率先振兴。推动肉牛扩群提质,稳定肉羊、生猪生产,抓好舍饲圈养模式推广。制定出台专项政策,着力打造肉牛、肉羊、饲草、羊绒、马铃薯等重点产业链,积极创建国家现代农业产业园、产业集群和产业强镇,不断为国家提供更多更优质的农畜产品。

· 第五章 ·

把我国向北开放重要桥头堡打造得巍然蓬勃

如何理解习近平总书记提出的把内蒙古打造成为我国向北开放重要桥头堡？

把内蒙古打造成为我国向北开放重要桥头堡，是习近平总书记站在统筹国内国际两个大局的高度为内蒙古量身定制的战略定位和行动纲领。我们要从以下三个方面深刻理解习近平总书记的这一重要要求。

发挥区位优势，以高水平对外开放推动高质量发展。习近平总书记指出，"内蒙古地处'三北'、外接俄罗斯、蒙古国，具有发展沿边开放的独特优势，是我国向北开放的前沿。"打开中国地图，内蒙古得天独厚的区位优势格外突出，历史上就是"草原丝绸之路"和"万里茶道"的重要枢纽和通道，现在更是中蒙俄经济走廊的重要节点，是国家西部陆海新通道的重要门户。得天独厚的地理位置是内蒙古发展的底气和优势。内蒙古要按照习近平总书记的指示精神，通过扩大开放促进改革发展，发展口岸经济，加强基础设施建设，完善同俄罗斯、蒙古国的合作机制，深化各领域合作，在应对当今世界大变局和构建国内国际双循环经济格局中，深度参与中蒙俄经济走廊建设，吸引更多资本、技术、人才纷至沓来，推动更多"蒙字号"优质产品走向全国、走向世界，充分发挥我国向北开放重要桥头堡作用，以高水平对外开放推动高质量发展。

为国内国际双循环打通"堵点"，畅通经济循环。中医讲，"通则不痛，痛则不通"，经济运行也是同样的道理，畅通就是要实现经济良性循环。在我国对外开放格局中，中西部和东北地区是我国现代化经济体系建设的重要组成部分。内蒙古有中欧班列通道服务功能，有链接国内国际两个市场、两种资源的口岸集群独特优势，具备打造国内大循环的重要节点和国内国际双循环战略支点的条件。习近平总书记要求内蒙古要在联

深度参与中蒙俄经济走廊建设，发挥向北开放重要桥头堡作用。图为中欧班列经由满洲里口岸驶向欧洲

通国内国际双循环中发挥更大作用。要加强与京津冀、长三角、粤港澳大湾区和东三省的联通，更好融入国内国际双循环。内蒙古要按照习近平总书记的要求，全面提升开放水平，建设联通内外、辐射周边、资源集聚集散、要素融汇融通的全域开放平台。

落实党中央对内蒙古的要求，保证北方边境安宁。我们要切实贯彻党中央要求，深化各方面的合作。近年来，在中俄蒙三方合作框架下，内蒙古不断深化与俄罗斯、蒙古国等相邻国家的区域合作，充分发挥内蒙古自治区政府与蒙古国外交部常设协商工作组、东北亚地区地方政府联合会（NEAR）机制作用，同时不断强化与俄罗斯、蒙古国、日本、韩国等国家地方政府间会晤交流合作，着力深化与这些国家的科技教育、卫生健康、文化旅游、生态环保等领域的交流合作。这些频繁友好的交流互动，有力地拓展了内蒙古对外交流的深度与广度，有效地发挥了我国向北开放桥头堡的重要作用。

建设我国向北开放重要桥头堡对推动内蒙古高质量发展有什么重要意义？

把内蒙古建成我国向北开放重要桥头堡，是习近平总书记赋予内蒙古的战略定位，是内蒙古必须坚决扛起的重大政治责任，也是内蒙古推动更高水平对外开放、实现高质量发展的迫切需要。

内蒙古是欠发达、后发展地区，把内蒙古建设成为我国向北开放重要桥头堡，是推动并实现高质量发展的必然选择。内蒙古现有的经济结构、经济规模和经济发展水平难以将资源要素全部吸收，只有通过国内国际两个市场、两种资源才能使这些要素实现最佳配置与最佳利用。从摸索前行到抢单出海，内蒙古持续优化营商环境，加强与京津冀、长三角、粤港澳大湾区和东三省的联通，扎实推进与"一带一路"合作伙伴双向直接投资合作，国内国际两个市场、两种资源联动效应不断增强。目前，内蒙古与180多个国家和地区建立了贸易往来关系，口岸增加到20个，全区口岸进出境货运量位居全国边境陆路口岸第一位。但是，经济外向度不高、开放水平层次低等短板亟须补上来。闭门造车意味着落后和被淘汰，开放合作才能用好国内国际两个市场、两种资源。习近平总书记指出，"我们要以开放纾发展之困、以开放汇合作之力、以开放聚创新之势、以开放谋共享之福"。新时代新征程，内蒙古要把建设成为我国向北开放重要桥头堡作为中心任务，把内蒙古工作放在构建新发展格局中谋划和推进，切实把内蒙古的区位优势、

《内蒙古自治区建设国家向北开放重要桥头堡促进条例》

绿色优势、资源优势、产业优势转化为开放优势、经济优势、发展优势。

内蒙古对外开放口岸一览表

口岸名称	所在盟市	对应口岸
满洲里铁路口岸	呼伦贝尔市	俄罗斯后贝加尔斯克口岸
满洲里公路口岸	呼伦贝尔市	俄罗斯后贝加尔斯克口岸
室韦公路口岸	呼伦贝尔市	俄罗斯奥洛契口岸
黑山头公路口岸	呼伦贝尔市	俄罗斯旧粗鲁海图口岸
二连浩特铁路口岸	锡林郭勒盟	蒙古国扎门乌德口岸
二连浩特公路口岸	锡林郭勒盟	蒙古国扎门乌德口岸
甘其毛都公路口岸	巴彦淖尔市	蒙古国嘎顺苏海图口岸
策克公路口岸	阿拉善盟	蒙古国西伯库伦口岸
满都拉公路口岸	包头市	蒙古国杭吉口岸
珠恩嘎达布其公路口岸	锡林郭勒盟	蒙古国毕其格图口岸
阿尔山公路口岸	兴安盟	蒙古国松贝尔口岸
额布都格公路口岸	呼伦贝尔市	蒙古国白音胡舒口岸
阿日哈沙特公路口岸	呼伦贝尔市	蒙古国哈比日嘎口岸
乌力吉公路口岸	阿拉善盟	蒙古国查干德勒乌拉口岸
呼和浩特航空口岸	呼和浩特市	—
满洲里航空口岸	呼伦贝尔市	—
海拉尔航空口岸	呼伦贝尔市	—
鄂尔多斯航空口岸	鄂尔多斯市	—
包头航空口岸	包头市	—
二连浩特航空口岸	锡林郭勒盟	—

内蒙古推进中蒙俄经济走廊建设取得了哪些重要成果？

内蒙古立足区位优势、资源禀赋、产业基础，积极推进中蒙俄经济走廊建设，服务双循环、联通内与外，"关系网"越扩越大，"朋友圈"越来越广，内蒙古在中蒙俄经济走廊的核心枢纽地位已经确立。

战略通道作用日益凸显。2023年，口岸进出境货运量达到10783.2万吨，同比增长84.6%，形成公路、铁路、航空等多方位、立体化的口岸开放新局面。中欧班列开行数量大幅增长，2022年，进出境中欧班列7337列，同比增长19.1%，已连续6年创下新高，满洲里、二连浩特口岸进出境中欧班列均累计突破万列大关。

推动向北开放重要桥头堡建设取得实效。内蒙古与俄罗斯、蒙古国地方政府和部门建立多层次互访和协商会晤机制，主动承接落实中俄、中蒙开放合作重大任务，不断完善涉俄蒙产业园区、边民互市贸易区、跨境经济合作区、综合保税区及中国—蒙古国博览会等各类合作平台，着力推动与俄蒙双向直接投资在更高水平、更深层次务实合作。截至2023年底，内蒙古企业已在俄蒙两国设立境外投资企业479家，占全区境外投资企业的62%，中方协议投资总额33.6亿美元；根据2022年外资企业信息报告（年报）数据显示，来自俄蒙的外国投资者在内蒙古设立外商投资企业 38 家，占全区外商投资企业的 5.6%，投资总额 2.97 亿美元。

中蒙俄经济走廊是连接亚洲东北部和中欧的重要国际经济合作项目。中蒙俄三国发展战略高度契合，随着近年来中蒙俄三方合作不断加强，中蒙俄经济走廊建设进入了快速发展阶段。

内蒙古积极融入共建"一带一路"取得了哪些重要成果？

2023 年是共建"一带一路"倡议提出 10 周年。10 年来，内蒙古依托得天独厚的地缘优势，扎实推进与"一带一路"合作伙伴双向直接投资合作，国内国际两个市场、两种资源联动效应不断增强，内蒙古收获颇丰。

"双向奔赴"使合作伙伴双向直接投资规模持续扩大。共建"一带一路"倡议在带动内蒙古企业对外投资加速的同时，也吸引了越来越多合作伙伴的目光。截至 2023 年底，内蒙古企业在 23 个"一带一路"共建国家设立境外投资企业 580 家，占全区境外投资企业的 75%，中方协议投资总额 42.44 亿美元；根据 2022 年外资企业信息报告（年报）数据显示，来自 15 个"一带一路"合作伙伴的外国投资者在内蒙古设立外商投资企业 83

家，占全区外商投资企业的12.2%，投资总额37.4亿美元，内蒙古与"一带一路"合作伙伴双向直接投资"朋友圈"不断扩大。

积极利用共建国家资源禀赋差异，推动产业结构不断优化。内蒙古鼓励支持资源开发、钢铁、电力、轻纺、农牧业、乳品加工等优势产业"走出去"开展国际产能合作。截至2023年底，内蒙古在蒙古国、俄罗斯、南非等国家和地区设立100余个境外资源勘探开发、境外制造加工项目。在新发展格局下，与共建国家的优势产业互补，不断推动内蒙古产业结构优化转型。

2023年9月，第四届中国—蒙古国博览会在呼和浩特市举行，来自35个国家和地区、全国27个省（市、自治区）的3000多家企业参展，创历届之最

共赢共享获累累硕果。内蒙古与"一带一路"共建国家间的投资往来日益密切，在实现自身发展的同时，也为东道国创造了众多就业岗位和巨大的社会经济效益。内蒙古伊利集团在新西兰建设的乳品生产基地以高标准研发生产满足全球市场优质乳品需求，促进了当地经济发展，被当地居民称为来自中国的"好邻居"和当地大家庭的一分子。共建国家对内蒙古的投资推动内蒙古经济高质量发展。赤峰澳亚现代牧场有限公司是中国与新加坡合作在内蒙古大草原上大放异彩的一颗明珠。澳亚现代牧场投资总额 2.8 亿美元，该牧场让阿鲁科尔沁旗绍根镇境内大片退化的荒漠草原变成牧草油绿、鲜花遍地的现代牧场，公司日产鲜牛乳 690 吨，年销售收入超 11.7 亿元，为当地提供就业岗位 900 余个，带动当地青贮玉米种植面积 3 万亩。

在共建"一带一路"过程中，内蒙古与其他国家和地区的合作实现优势互补、合作共赢、共同发展的例子不胜枚举，内蒙古企业正在共建"一带一路"倡议的引领下，以更加开放包容的姿态致力于世界各国共同发展与繁荣。

具有"钢铁驼队"之称的中欧班列发挥了怎样的作用？

中欧班列这支"钢铁驼队"驰而不息，在内蒙古完成了从"追赶者"到"领先者"的角色转换。目前，班列开行量、重箱率、货运量等指标稳居全国前列。途经内蒙古的中欧班列在对外开放中发挥了重要作用。

缩短了货物运输的行程。成都的葡萄酒经销商算过一笔账，过去欧洲的葡萄酒来成都，只能"漂洋过海"，从欧洲到上海港，通过长江到重庆口岸，再用汽车运到成都。这样折腾下来，行程需要66天。现在，在法国波尔多酒庄酿造出来的红酒，经中欧班列运到成都，价格上虽然略高于海运，但是在运输时间上比海运快多了，这样能够快速抢占市场。还有一个好处，就是中欧班列走北线，每年5—10月平均气温只有15℃左右，这能让红酒始终保持高品质的口感。

连接了亚太、欧洲等多个经济圈，畅快了亚欧大通道。中欧班列是一个听起来就特别高大上还有点洋气的词，事实上它也确实非同寻常。奔驰在亚欧大陆桥上的中欧列车，穿越丝绸之路沿线国家，连接了亚太、欧洲等多个经济圈，畅快了亚欧大通道，让世界变小。中国与欧洲在世界上的地位举足轻重：人口占1/4，经济总量占1/3。中欧班列的开通，为亚洲与欧洲之间的物流运输，建立起了一条除海运、空运之外的铁路运输通道，运行时间是海运时间的1/3，价格是空运价格的1/5。

推进整合供应链。2000多年前的丝路驼铃声变成了如今嘹亮的汽笛声。近年来，内蒙古各盟市充分利用区位交通优势，不断拓展双向货源组织渠道，积极与中欧班列始发地、与东北地区和东部沿海省份等对接，扩大运营规模，大力发展班列经济，中欧班列开行量、货运量与货值稳步增长，推进整合供应链、口岸物流、口岸加工、境内营销于一体的全产业链合作。

在中欧班列的加持下，内蒙古的外贸在逆势中跑出了"上扬线"。2022年，内蒙古全年进出口总额1523.6亿元，同比增长23.2%；全区口岸进出境货运量5842.2万吨，同比增长14.7%。近几年，班列满载率保持在95%以上。运输货物种类不断丰富，从水果蔬菜、日用百货、家用电器到汽车整车、光伏产品、数码产品等，涵盖了上百种货物。

怎样看待内蒙古要大力发展泛口岸经济，着力解决"酒肉穿肠过"的问题？

内蒙古大力发展泛口岸经济，推动"经济通道"向"通道经济"转变，推动"过路经济"向"落地经济"转型。

增强腹地支撑能力。以呼包鄂乌和赤峰市、通辽市等地区为重点，依托联运主通道和枢纽节点城市、货物集疏运中心、资源转化园区等，打造向北开放、与口岸互为支撑的重要战略腹地。呼和浩特市加快融入京津冀经济圈，打造国家级乳业、大数据、光伏产业基地和动物疫苗研发基地，着力发展现代服务业，加快建设区域性科技创新中心。包头市大力发展稀土新材料、硅材料、清洁能源、新型冶金、现代装备制造等产业，建设创新型企业孵化基地、全国硅产业中心和具有全球影响力的"稀土+"产业中心。鄂尔多斯市深入推进煤炭清洁高效利用，大力发展煤基新材料和煤基精细化工，打造能源、现代煤化工、新能源和羊绒等具有国际竞争力的产业基地。乌兰察布市加快推进绿色经济、数字经济、枢纽经济联动发展，建设中欧班列集散中心、现代制造业集中区、商贸集中区、物流集中区。强化赤峰市和通辽市在蒙东地区的区域中心功能，积极对接环渤海经济圈，有序承接国内外产业转移。赤峰市重点培育壮大生物医药、精细化工、绿色冶金材料、装备制造、电子信息等新兴产业，建设蒙东、冀北、辽西区域性物流中心。通辽市重点打造玉米生物科技、绿色铝镍硅新材料、生物医药等战略性新兴产业基地和农畜产品生产加工产业集群。

促进口岸与腹地协同发展。加强面向腹地的重大基础设施和重要枢纽节点建设，集中力量打造重点货物集疏中心，助推资源转化园区提档升级。中部地区推动呼包鄂乌与二连浩特、满都拉、珠恩嘎达布其等口岸协同互动，深入推进乌兰察布市与二连浩特市协同发展，支持满都拉口岸更好服务包头市工业基地发展，支持珠恩嘎达布其口岸保障呼和浩特市炼油产业供应链安全稳定，支持呼和浩特、鄂尔多斯等航空口岸发展空港经济。东部地区发挥以满洲里为重点，珠恩嘎达布其、阿尔山、额布都格等为支点的口岸集聚优势，推动石油、木材、粮食、肉类加工等产业落地发展。西部地区以甘其毛都、策克等口岸为依托，在巴彦淖尔市、乌海市、阿拉善盟建设能源资源进口加工基地。建好七苏木国际物流枢纽。发挥乌兰察布市中欧班列中通道重要节点优势，整合内蒙古中西部中欧班列运营平台，打造中欧班列集散中心。以七苏木保税物流中心（B型）为基

2020年5月12日，内蒙古第三家保税物流中心——乌兰察布市七苏木保税物流中心（B型）封关运营，在扩大对外开放、促进招商引资、加快建设向北开放重要桥头堡方面再添新动力

础申建综合保税区，推进境外物流园区及木材、粮食等海关监管场地建设。依托乌兰察布•二连浩特陆港型国家物流枢纽，建好七苏木国家进口贸易促进创新示范区，加快发展现代物流、国际贸易和保税加工，以流促贸、以贸促产，形成与现代制造业集中区协同互促发展格局。

如何提升内蒙古各类口岸功能？

"使者相望于道，商旅不绝于途"。2000多年前，丝绸之路见证了使者、商旅来来往往、络绎不绝的繁华盛景。在今日的内蒙古，悠悠驼铃变成中欧班列的滚滚铁流，座座驿站化身为人来货往的黄金口岸。内蒙古地处我国北部前沿，口岸建设日臻完善，现有经国务院批准的对外开放口岸20个，承担着中蒙贸易95%、中俄贸易65%以上的货运量，全区边境陆路口岸货运量居全国首位。

"相通则共进，相闭则各退"。内蒙古发挥口岸集群连接国内国外两个市场、两种资源的独特作用，加快构建全域开放平台。

高质量发展综合枢纽口岸。集中力量打造满洲里、二连浩特综合枢纽口岸，重点加强铁路、公路、航空口岸通关、产业、物流、仓储等基础设施、配套设施建设和智能化改造。建设好满洲里市和二连浩特市两个口岸城市，提升人口、产业集聚能力，强化口岸城市对口岸功能的支撑作用。鼓励在满洲里、二连浩特国家重点开发开放试验区、边境（跨境）经济合作区等建设中大胆改革创新，争取国家政策支持，在商事管理、金融开放、税收优惠、跨境旅游等方面先行先试。落实减税降费、出口信贷、出口信保、稳岗就业、用电用水等普惠性政策，吸引更多企业落地发展进出口贸易、进出口加工和国际物流、保税仓储、跨境旅游等现代服务业。全面提升满洲里、呼和浩特、鄂尔多斯综合保税区运营质量。

全面提升综合保税区运营质量，进出口值实现快速增长。图为呼和浩特综合保税区

加强重点专项口岸建设。加快推进满都拉、甘其毛都、策克等重点专项口岸的扩能改造，重点实施口岸通道、智能通关、查验设施等能力补强工程，全面提升口岸通关能力，同步建设煤炭、铜精粉等战略资源储备基地。到2025年，将建成千万吨级以上境外大宗矿产资源进口专用通道和战略资源大型储备基地。推动珠恩嘎达布其、阿尔山、额布都格等口岸差异化协同发展。积极推动包头、乌兰察布综合保税区申建，加快满洲里综合保税区铁路专用线建设和中俄合作钾肥、粮食等落地加工产业发展步伐。

如何加强国内区域交流协作？

"要加强与京津冀、长三角、粤港澳大湾区和东三省的联通，更好融入国内国际双循环。"2023年6月，习近平总书记在内蒙古考察时为内蒙古推进高水平开放谋篇布局，为内蒙古把握在全国大局中的战略定位、深化国内区域合作指明了方向。

高质量的国内区域交流与合作能有效助力国内大循环。当前，全区上下正在全力完成五大任务、全方位建设"模范自治区"，只有加强区域交流合作才能实现差异互补、互利共赢，也只有强化区域交流合作才能不断释放新的活力和动力。

内蒙古将借助地缘优势，由近及远加强与毗邻地区的交流与合作。完善京蒙协作机制，吸引北京企业在内蒙古设立区域总部、生产基地、研发中心和营销中心，推动园区共建合作，加快形成北京对内蒙古多点带动新格局。与天津市、河北省、辽宁省等省市开展港口资源共享和内陆港合作，共同打造陆港群。聚焦长三角、粤港澳，利用沪蒙、苏蒙、粤蒙等战略合作平台，积极承接产业转移，探索建设一批"飞地"产业园区、跨省合作园区，重点发展新能源、新材料、先进装备制造、生物医药等产业。对接国家发展战略，推动联动发展。深入落实东北振兴、黄河流域生态保护和高质量发展、西部大开发等国家战略，深化与相关城市群的分工协作，提升合作交流层次，为毗邻省区和中部省份向北开放提供支撑。完善东北四省区区域合作与协同发展机制，推动吉南辽北蒙东联动发展。发挥黄河流域生态保护和高质量发展合作机制作用，深化同沿黄各省区的交流合作，推动蒙陕、蒙甘、蒙青等战略合作框架协议落地。加强与成渝等经济圈、城市群的开放协作。

如何进一步拓展对外贸易？

内蒙古持续深化与"一带一路"合作伙伴的经贸交流合作，发挥向北开放的地缘优势，深化拓展平等、开放、合作的贸易伙伴关系，共同推动构建公正高效的国际投资贸易合作格局。

推动货物贸易优化升级,创新服务贸易发展机制,发展数字贸易。在巩固与俄罗斯和蒙古国传统优势、提升合作质效的基础上,扩大对俄出口规模,优化对蒙出口结构。深化与日韩的合作,扩大工业品、羊绒制品、调味品等优势产品出口规模。提升与东盟国家合作水平,增加汽车及零部件、电子信息、智能装备等产品的进出口。拓展与欧美、中亚、中东国家和地区的合作,发展先进制造、新材料、生物医药等商品贸易。支持企业在"一带一路"共建国家建设公共海外仓,培育壮大跨境电子商务综合试验区,增强外贸综合服务企业服务能力,推动满洲里市开展市场采购贸易方式试点。对国家认定的10家大型外贸骨干企业实行"一对一"服务,支持外贸出口企业100强、进口企业50强增量提质。到2025年,与"一带一路"合作

借助国际交流平台,提升与欧洲国家合作水平。图为首列中欧"赤满欧"国际集装箱班列发车仪式

伙伴和《区域全面经济伙伴关系协定》（RCEP）成员国贸易额分别达到1100亿元和400亿元。

 **如何构建现代物流体系，为加快形成全面开放新格局提供动力？**

物畅其流，货通天下，互联互通是开放发展的关键。要加强基础设施"硬联通"，推动内蒙古更好地融入国内国际双循环，为加快形成陆海内外联动、东西双向互济的全面开放新格局提供动力。

构建高效顺畅的物流通道。依托"三横六纵"通道，全面融入国家"四横五纵、两沿十廊"物流大通道网络，构建陆海联运体系。西部盟市重点融入西部陆海新通道和黄河（青银）物流大通道；中部盟市重点打造二连浩特至广西北部湾物流大通道；东部盟市重点融入京哈至京港澳物流大通道，参与满洲里至大连港、营口港和珠恩嘎达布其至锦州港陆海通道建设。

完善综合交通运输网络。推进铁路基础设施建设，加快规划贯通内蒙古东中西部的高速铁路，推动乌兰察布至乌兰巴托至乌兰乌德跨境铁路通道升级改造，加快甘其毛都、策克、珠恩嘎达布其、满都拉等口岸跨境铁路和场站规划建设。推进公路基础设施建设，推动额布都格口岸界河2号桥建设，加快

G10 海拉尔至满洲里段高速公路、G55 二连浩特至赛汉塔拉段高速公路、G0616 甘其毛都至海流图高速公路等联通口岸的集疏运公路建设。推进航空基础设施建设，打造呼和浩特区域航空枢纽口岸，申建乌兰察布、赤峰、通辽航空口岸。

完善快速便捷的信息通信网络。推进通向俄蒙及欧洲的国际光缆建设，积极参与"一带一路"陆海天网四位一体联通和空间信息走廊建设。推动国际互联网转接点、国际数据专线等建设。加快呼和浩特等国际航空快件中心和国际快件监管中心建设，优化呼和浩特、满洲里、二连浩特互换局（交换站）功能，完善邮件快件进出境一体化设施，提升跨境寄递能力。

开路架桥，建交通枢纽；内通外联，兴千里边贸……内蒙古正加快打通开放发展的"任督二脉"，释放"物"的潜力，激发"流"的活力，做足"边"的文章，走活开放发展这盘棋。

开路架桥，积极推进综合交通运输网络建设。图为经乌高速公路西拉沐沦特大桥全桥合龙现场

 内蒙古是如何抢抓跨境电商重要发展机遇的？

近年来，内蒙古跨境电商孕育新的增长点，在"买全球、卖全球"方面的优势持续巩固、潜力持续释放，成为外贸高质量发展的新引擎。

加强顶层设计，提供制度保障。2022年，内蒙古先后出台《加快发展外贸新业态新模式若干措施》《内蒙古自治区加

支持跨境电商创新发展，提升跨境电商在国际市场的竞争力。图为游客在位于和林格尔新区的跨境电商O2O新零售示范店选购商品

快推进跨境电子商务发展行动计划（2022—2025年）》，为加快新业态发展打下坚实基础。随着中国（包头）跨境电子商务综合试验区的设立，在国务院批准设立的跨境电子商务综合试验区中，内蒙古呼和浩特市、赤峰市、满洲里市、鄂尔多斯市、包头市五地入列，获批数在西北、华北地区排第一位。

畅通物流通道，做好服务保障。发挥面向俄蒙口岸优势，探索"中欧班列＋跨境电商""中欧班列＋国际快件""中俄蒙卡班＋国际邮件"等融合发展新模式。支持呼和浩特、二连浩特、满洲里和乌兰察布等口岸和物流枢纽城市开通跨境电商中欧卡班，形成稳定可预期的便利化通道，吸引区内盟市和内陆省份跨境电商商品在内蒙古集散发运，扩大跨境电商业务规模。

推动产业发展，强化要素支撑。支持传统外贸企业转型升级。支持内蒙古企业在蒙古国、俄罗斯自建跨境电商平台，按照平台访问量、订单量、交易额和商家入驻量对平台建设费用予以补贴支持。推动跨境电商产业带发展。立足内蒙古现有产业带资源、外贸转型升级基地等，推动跨境电商与产业带融合发展。打造跨境电商集聚产业园区。支持各盟市因地制宜将现有符合条件的电商产业园、物流园、综保区、B型保税物流园区等改造为跨境电商产业园，支持有条件的地区新建跨境电商产业园，支持各园区积极开展招商引资、完善跨境电商生态圈，扩大入驻企业数量，丰富入驻企业类型，引进报关清关、支付结算、税务保险、软件开发、营销设计、大数据分析等企业，为企业提供免租金等优惠政策。

持续的扶持助力使内蒙古跨境电商跑出"加速度"。2022年，跨境电商零售进口、零售出口、B2B出口、B2B出口海外仓业务模式在内蒙古均已开通，全年纳入海关统计的跨境电商规模达到24.8亿元，同比增长5.5倍。2023年，全区跨境电商交易额实现41.2亿元，同比增长66%。

如何打造一流的开放发展环境？

"引进来"与"走出去"双向发力，为全区经济社会高质量发展赋能增效。无论是"引进来"还是"走出去"，进一步优化营商环境，都是高水平对外开放的必由之路。

"引进来"，内蒙古需要深化简政放权、放管结合、优化服务改革，梳理形成惠企政策清单。创新"互联网＋政务服务"模式，实施政务服务"一网通办"，加速推进"一件事一次办"。实施自治区、盟市、旗县三级领导干部对辖区重点企业或龙头企业"一对一"联系制度。健全外商投资促进和服务体系，推动投资项目审批便利化，依法保护外商投资权益。强化市场主体全生命周期服务，降低市场主体制度性交易成本。深化商事制度改革，保障各类市场主体依法平等使用资金、技术、人力、自然资源等生产要素和公共服务。

"走出去",要发挥连接俄蒙、畅通欧洲的陆路大通道优势,深化与俄蒙等国家在油气、煤炭、电力、冶金、可再生资源、能源装备、农畜产品加工、建材等领域的合作,建立多元稳定的境外能源、粮食供应渠道。支持企业深度参与全球产业分工和合作,到境外开展实物投资、股权置换、联合投资、并购重组,鼓励专精特新企业通过小比例参股、共建研发中心、初创企业投资、设立联合基金等方式开展海外投资。支持企业承接境外工程建设项目,参与第三方市场合作,带动装备、人员、技术、标准和服务"走出去"。引导"走出去"企业健全境外风险防控机制,保障境外员工人身和财产安全。

"引进来"和"走出去"协同推进。2022年,新设外商投资企业40家,实际使用外资34.5亿元,同比增长8.6%。2023年,新增对外投资项目72个,同比增加48个,同比增长2倍。

如何更好深入推进内蒙古制度型开放?

对于内蒙古而言,深入推进制度型开放,必须加强改革整体谋划和系统集成,主动服务和融入国家重大战略,以中国(内蒙古)自由贸易试验区申建为契机,深入实施自由贸易试验区提升战略,发挥好改革开放综合试验平台作用,把自由贸易试验区建设成为新时代改革开放新高地。

内蒙古自治区第十一届委员会第七次全体会议暨全区经济工作会议强调，要实施好对全区经济发展和民生改善具有支撑性、牵引性、撬动性作用的"六个工程"。自贸区创建工程作为"六个工程"之一，是引领全区开放发展的牵一发而动全身的"牛鼻子"。要坚持以创促建，统筹抓好重点口岸打造、开放平台能级提升、腹地园区建设、中欧班列提质扩容。

申建中国（内蒙古）自由贸易试验区要以高水平开放为引领，以制度创新为核心，以可复制可推广为基本要求，聚焦聚力落实习近平总书记交给内蒙古的五大任务和全方位建设"模范自治区"两件大事，牢牢把握内蒙古在国家全局中的战略定位，坚持以生态优先、绿色发展为导向，切实提升保障国家生态、能源、粮食、产业和边疆安全功能，努力打造沿边地区制度型开放先行区，着力构建重要能源、战略资源以及农畜产品开放发展示范区，服务"两个基地"建设，加快形成中蒙俄全方位合作和国家向北开放重要桥头堡的战略支点。赋予自由贸易试验区更大改革自主权，深入开展差别化探索，推动内蒙古优势特色产业全产业链创新发展，经过先行先试，形成更多有国际竞争力的制度创新成果，以制度型开放为重点的高水平对外开放迈出新步伐，形成能源、战略资源、农畜产品开放发展新路径新模式，进一步助力夯实国家向北开放重要桥头堡地位，使自由贸易试验区成为引领内蒙古开放型经济高质量发展的先行区和增长极，努力建成营商环境优良、投资贸易便利、优势产业集聚、要素资源共享、管理协同高效、辐射带动作用突出的高标准高质量自由贸易园区。

内蒙古是如何通过深化国际人文交流合作不断拓展对外交往的深度和广度的？

人文交流作为不同国家、地区和民族之间文化交流的重要组成部分，是国际关系发展的桥梁和纽带，在传播各国文化、展示国家形象、提升国家文化软实力等方面发挥着举足轻重的作用。一直以来，内蒙古坚持经济合作和人文交流相互促进、共同推进，注重在人文领域精耕细作，积极开展广泛深入、多元互动的人文交流合作，为我国向北开放重要桥头堡建设打下广泛社会基础。

用好多双边交流机制。扩大中俄、中蒙、中俄蒙元首会晤以及上海合作组织、金砖国家等多双边会晤磋商机制和"一带一路"国际合作高峰论坛等国际合作平台影响力，力争将对外开放相关事项纳入国家层面加以推动。深化中俄蒙三国东部地区次区域合作。用好中俄、中蒙边境口岸等磋商交流机制，发挥内蒙古自治区政府与蒙古国外交部常设协商工作组机制作用,强化与俄罗斯和蒙古国地方政府间会晤交流与合作机制。2015年至今,中国—蒙古国博览会已成功举办四届,如一条纽带,架起了各国民心相通的桥梁,创造了共享发展的机遇,形成了全方位、宽领域的交流合作新局面。搭建对俄对蒙经贸合作新平台。内蒙古自治区政府与克拉斯诺亚尔斯克边疆区政府共同举办第一届中国内蒙古—俄罗斯克拉斯诺亚尔斯克投资贸易推介会,与蒙古国经济发展部共同举办第三届中国内蒙古—蒙古国投资贸易合作推介会。

深化国际人文交流合作,不断提升对外交往能力。图为蒙古国留学生在内蒙古学习乐器(左),内蒙古国际蒙医医院专家团赴蒙古国基层医院义诊(中),俄罗斯商户向中国游客介绍当地工艺品(右)

深化科技教育合作。发挥数字赋能作用,推动创建国家向北开放重要桥头堡大数据平台,立体展示跨国合作全要素对接现状和潜力,全方位服务内蒙古对外开放。实施面向俄罗斯、蒙古国、日本、韩国及欧洲"一带一路"合作伙伴杰出人才引进计划，推动技术转移应用合作和联合实验室共建。鼓励区内企业与国际知名科技机构开展合作，实施一批科技创新合作重点项目，推进高水平科技成果在区内转化。深度参与共建"一带一路"教育行动，打造"留学内蒙古"品牌，鼓励有条件的高校与有关国家合作办学。内蒙古每年有近200名师生通过短期互访、科研考察、参加学术会议等形式赴蒙古国开展交流合作。设立政府奖学金，实施蒙古国边防总局专业技术人员培训项目，累计资助近2000名蒙古国籍学生和180名蒙古国边防总局专业技术人员来内蒙古学习深造。

深化卫生健康领域合作。开展"一带一路·光明行"蒙古国行动，强化短期义诊、专家派遣、远程会诊、中医药（蒙医药）等方面的交流。加强与俄罗斯和蒙古国等周边国家在公共卫生和疫情防控方面的合作，鼓励中医(蒙医)医疗机构在国外设置诊疗机构。截至目前，"一带一路·光明行"蒙古国行动为蒙古国筛查眼疾患者2847人次，实施免费复明手术425例。先后18次组织蒙医蒙药专家前往蒙古国10余个省市进行健康义诊，接诊患者达3.5万余人次。

深化文化旅游合作。完善中俄蒙国际旅游合作机制，提升"万里茶道"国际旅游品牌知名度。2023年1—8月，内蒙古接待俄罗斯和蒙古国游客达79.4万人次，占中国俄蒙入境游客量的90%。落实好境外旅客购物离境退税政策，支持设立进境口岸免税店。支持满洲里边境旅游试验区创新发展。深化与俄、蒙、日、韩及东盟、欧盟等国家和地区的人文交流和智库合作，联合办好大型文体活动。坚持国家站位，做好重大主题、重要活动对外宣传工作，构建多位一体、互补联动的对外传播矩阵，讲好中国故事。

后 记

　　五大任务是习近平总书记从内蒙古实际出发、着眼全国发展大局赋予内蒙古的战略定位，蕴含着习近平总书记对边疆民族地区发展的深邃思考，涵盖了内蒙古经济社会发展的方方面面，引领着新时代内蒙古加快发展、高质量发展。

　　从服务全国发展大局来看，五大任务关系国家生态安全、边疆安全、能源安全、粮食安全、产业安全，是内蒙古必须切实肩负起、认真履行好的重大政治责任。从内蒙古自身发展来看，五大任务相辅相成，共同构成了内蒙古高质量发展的"四梁八柱"，是内蒙古全面建设社会主义现代化的关键性抓手。

　　蓝图绘就，战鼓催征。有党中央的坚强领导，有习近平总书记的掌舵领航，有内蒙古自治区党委的高度重视，全区2400多万各族人民焕发出强大的自信心和崇高的使命感，挑最重的担子、啃最硬的骨头，把全部心思用在想干事上，把所有本领放在会干事上，把实际行动落在干成事上，紧锣密鼓地推进五大任务，持续推进"两个屏障"更加牢固，"两个基地"量质齐升，"桥头堡"作用充分彰显，在推进中国式现代化中贡献内蒙古力量、展现内蒙古担当。

  本书紧扣五大任务，以问答形式呈现工作重点、具体举措和深远意义，语言浅显平易，意脉明晰通透，行文自然流畅。本书在编写过程中，得到了自治区有关部门和部分单位负责同志及相关领域专家学者的大力支持。自治区党委统战部、政法委，自治区民委、自然资源厅、生态环境厅、水利厅、农牧厅、商务厅、能源局、林草局等提出了宝贵意见。霍晓庆、袁宝年、许晓岚、莎日娜负责本书编写工作。李春林、盖志毅全程指导了本书编写工作。符雷、张兆刚主持本书编写工作，审改了全部书稿。王虎、布和、杜婧、邵晓欣、张铭参与了起草、修改和统稿等工作。王静、孙红梅、刘那日苏负责书稿的编辑、排版工作。

  因编写者水平有限，本书难免存在不足之处，恳请读者批评指正。

本书编写组

2024 年 2 月